AdolescenteZ de la A a la Z

AdolescenteZ de la A a la Z

Aprende a vivir y a disfrutar la adolescencia positiva

Diana Al Azem

Prólogo de Ana Paradela

Plataforma
Editorial

Primera edición en esta colección: mayo de 2023
Cuarta edición: octubre de 2023

© Diana Al Azem, 2023
© del prólogo, Ana Paradela, 2023
© de la presente edición: Plataforma Editorial, 2023

Plataforma Editorial
c/ Muntaner, 269, entlo. 1.ª – 08021 Barcelona
Tel.: (+34) 93 494 79 99
www.plataformaeditorial.com
info@plataformaeditorial.com

Depósito legal: B 8757-2023
ISBN: 978-84-19655-34-9
IBIC: JN

Printed in Spain – Impreso en España

Diseño de cubierta:
Pablo Nanclares

Realización de cubierta y fotocomposición:
Grafime Digital S. L.

El papel que se ha utilizado para imprimir este libro proviene
de explotaciones forestales controladas, donde se respetan
los valores ecológicos, sociales y el desarrollo sostenible del bosque.

Impresión:
QP Print

Índice

Prólogo. Disfrutar de educar adolescentes...,
¿un imposible?, de Ana Paradela   11

Introducción.   17

Adoles... ¿qué?.   21
  1. Mitos sobre la adolescencia que no tienen
    fundamento científico   23
  2. Cosas que odias de tu adolescente
    y por qué son normales.   29
  3. Adolescentes responsables: ¿un imposible?. . .   42

Problemas emocionales en la adolescencia   49
  1. Decálogo para acompañar las emociones
    de tu adolescente (y no morir en el intento) .   51
  2. Cómo combatir la ansiedad en la adolescencia .   59
  3. Cuando un adolescente se preocupa mucho
    por su cuerpo..., ¿es un TCA?   64

Ser padres de adolescentes en el siglo XXI 71

1. Cómo impedir que se instale el *burnout*
   parental. 73
2. Cómo influyen las heridas emocionales de tu
   infancia en la relación con tu adolescente . . 80
3. Sana las heridas emocionales de tu infancia
   para no transmitírselas a tu adolescente . . . 87
4. Cómo no discutir sobre la educación
   de los hijos... cuando hay una separación . . 93
5. «Tierra, trágame»: qué hacer cuando
   tu adolescente te pilla en una situación
   comprometida 101

Adolescentes, familia y comunicación 109

1. Adolescentes que faltan al respeto...,
   ¿hay solución? 111
2. Cuando tu hijo adolescente te dice
   que te odia... 118
3. Cómo mejorar la comunicación
   con los adolescentes 124
4. Peleas entre hermanos adolescentes:
   cómo acabar con ellas. 131
5. ¿Cómo gestionar a un adolescente mayor
   de edad? 138
6. ¿Qué puedo hacer si mi adolescente va
   con malas compañías? 145

Índice

Problemas con los estudios 151
1. Sí, puedes motivar a tu adolescente después
   de una evaluación desastrosa 153
2. Cómo ayudar a los adolescentes
   con los exámenes finales 160

**Actitudes peligrosas y adicciones
en la adolescencia** 167
1. Adolescencia y alcohol: ¿puede prevenirse
   su consumo? 169
2. Adolescentes que apuestan, ¿hay que
   preocuparse? 175
3. Qué hacer con adolescentes que roban 182

Pantallas y adolescencia: cómo afrontarlas 189
1. Los cinco riesgos a los que se enfrentan los
   adolescentes en internet 191
2. Videojuegos y adicción en la adolescencia . . 198
3. Nuevas tecnologías y control de adolescentes:
   ¿una buena idea? 204

Educación sexoafectiva 211
1. Cuando crees que tu hijo adolescente
   tiene una relación tóxica 213
2. ¿Es malo tener pareja con doce o trece años? . 227
3. Cómo acompañar adolescentes LGTBI+ . . . 234
4. Cuando un hijo adolescente quiere dormir
   en casa con su pareja 241

Prólogo
Disfrutar de educar adolescentes..., ¿un imposible?

Adolescentes. Se rebelan contra la autoridad, son hipersensibles, montan un escándalo por nada, se meten en líos incomprensibles (a veces incluso peligrosos), son egoístas, vagos, quejicas, exagerados, descerebrados... Eso lo sabe todo el mundo. Pero lo que no se sabe, o no se reconoce tanto, es que los adolescentes también son enérgicos, valientes, justos, sensibles, tolerantes, creativos, curiosos...

Pocas etapas de la vida tienen tan mala fama. Pocas, sin embargo, son tan cruciales desde una perspectiva social, cultural e individual. Y es que la adolescencia (los estudios de neurociencia confirman esta intuición que no pocas personas, las más observadoras, las que más ternura irradiaban, tenían ya) no solo no es una crisis, sino que supone una grandísima oportunidad. Y, si hubiera menos miedo en padres y educadores, podría ser un momento de menos estrés y peleas, de más disfrute y conexión.

Pero, para deshacer el nudo de ese miedo, para que se terminen las batallas con los adolescentes, es necesario que cambie la manera en que la sociedad los mira: que padres y madres comprendan que la adolescencia es una etapa crucial, que sean capaces de adaptar la educación a las habilidades y necesidades cambiantes de los chicos y chicas adolescentes. En una palabra, que se formen.

«Pero nuestros padres no se formaron y no hemos salido tan mal». No, nuestros padres no se formaron, está claro. Pero ni nuestros padres nos educaron para el mundo de hoy (¿cómo nos enfrentamos a internet?, ¿qué hacemos para proteger a nuestros hijos de la pornografía?, ¿a nuestras hijas de la hipersexualización?) ni tienen todas las respuestas educativas.

Nuestros padres nos educaron de la mejor manera que pudieron, con la información que había a su alcance en ese momento. Y nosotros debemos hacer lo mismo en un mundo en que los estudios en pedagogía, neurociencia, etcétera, han demostrado que muchas de las ideas que teníamos (que tenían nuestros padres y abuelos) sobre los adolescentes eran erróneas.

Vivimos en una sociedad que valora cada vez más (y con razón) la formación continua, pero donde perdura, sin embargo, la idea de que en asuntos educativos lo de siempre es lo mejor. Que no es necesario formarse porque a ser padres no se aprende.

Este hecho no es, en absoluto, tan extraño como parece: los patrones educativos con los que se crece son muy poderosos, difíciles de cambiar (por eso es tan común aquello de que la teoría sobre no gritar, por ejemplo, es fácil, pero la práctica...). Y, además, hay como un miedo a pensar que pretender mejorar la educación recibida en casa es ser ingratos con los padres.

Sin embargo, hoy sabemos que, cuando los padres conocen los procesos de desarrollo de sus hijos, proyectan sobre ellos unas expectativas más ajustadas (ni muy bajas, que desmotivan, ni demasiado altas, que provocan frustración), lo que repercute en una mejor autoestima, el apoyo escolar es más eficaz (por estar mejor adaptado a la etapa) y, muy importante, los mismos padres se sienten más confiados y seguros para navegar por las turbulencias de la educación. Formarse para educar mejor es, pues, un camino que merece la pena.

Adolescencia positiva, el proyecto personal de Diana Al Azem, nació precisamente de esta idea: dar a las familias que están atravesando (con inquietud, con dudas) la adolescencia de los hijos las herramientas necesarias para acompañarlas con serenidad y autoconfianza.

Lo hace, además (y este es probablemente uno de sus mayores aciertos), aunando maravillosamente tres pilares: la información rigurosa, la comunicación desenfadada y sencilla y la practicidad, pues Diana sabe bien (son muchos años trabajando con adolescentes y sus familias) que la gran mayoría de los padres y las madres no necesitan profundizar en los estudios de neurociencia, sino comprender a sus hijos, reconectar con ellos y recuperar la paz.

Imagino (no solo lo imagino, sé que es así: basta con leer los comentarios a sus publicaciones en redes sociales) el buzón de Diana lleno de mensajes de agradecimiento de madres y padres que han conseguido, después de meses o años de malestar, mirar a los ojos a sus hijos adolescentes y reconocer en ellos a los niños que fueron (y quizá adivinar a los adultos que serán). Y que en ese reconocimiento han recuperado la ilusión.

Esos mensajes («Qué necesarias son tus palabras, qué valor tienen»: invito a cualquiera a que vaya a leerlos), y la respuesta masiva e inmediata de todas las formaciones que propone Diana, son la prueba de que Adolescencia positiva es de esos proyectos que, si no existieran, habría que inventarlos.

Este libro es, quizá, no tanto un escalón más en ese camino que Diana emprendió hace unos años sino una consecuencia natural de él: un lugar (iba a escribir «un hogar») al que las familias con adolescentes pueden acudir a resolver sus dudas, sintiendo siempre ese espíritu práctico del que hablaba antes. Practicidad, conviene decirlo, que no se traduce en recetas, sino, en cada artículo, en un hilo del que tirar y desde el que reflexionar. Porque todas las palabras que se escriban sobre educación no son nada hasta que no se aplican a cada contexto, a cada familia, a cada hijo o hija en sus circunstancias personales.

A nuestros padres les diremos que no somos desagradecidos, porque, al formarnos para educar mejor, seguimos su ejemplo: el de intentar ser mejores padres cada mañana.

A Diana, por su parte, le agradecemos que nos muestre el camino para hacerlo.

ANA PARADELA
Profesora y redactora especializada en educación.
Múnich, 17 de febrero de 2023

Introducción

Querida madre de adolescente, querido padre de adolescente:

Me dirijo a ti así, con la intimidad de una carta (porque de verdad siento que nuestra relación lo permite), para contarte qué es y cómo nació el libro que hoy tienes entre tus manos.

En marzo de 2020 abrí el canal *Adolescencia positiva*. Para entonces yo ya había pasado por un proceso de transformación que me llevó (con mucha lectura, formación y trabajo por mi parte) a dejar de ser una madre y profesora gruñona para convertirme en la persona empática y cercana que soy hoy.

Ese proceso, y mi experiencia con los padres y madres de mis alumnos, me hizo ser consciente de que había mucho desconocimiento sobre cómo afrontar la adolescencia de nuestros hijos en el siglo XXI.

Tenía ganas de contagiar a otros mi transformación, de hacer algo por esas familias con adolescentes donde todo son gritos, y el confinamiento me terminó de animar: estaba claro que esos adolescentes de once, catorce o diecisiete años encerrados en casa y sus padres necesitaban ayuda.

Enseguida nació el «Círculo de la armonía materna», mi programa de acompañamiento grupal, pero ya en los primeros pasos de este camino, en la época en la que abría directos en las redes sociales simplemente para conversar y acompañar, me di cuenta de algo: las familias con adolescentes buscan soluciones claras a problemas puntuales.

Ese es el espíritu que ha ido alimentando el blog, semana a semana, durante todo este tiempo: el de ser un espacio donde responder a las cuestiones que plantean las familias. Y, no, no se educa a base de recetas, pero cada obstáculo educativo puede resolverse volviendo a lo fundamental, a esos principios básicos que rigen la educación que defiendo: la combinación justa de libertad y firmeza.

Por eso, me gusta decir que cualquier problema con adolescentes puede resolverse tomando distancia y aplicando el principio de las tres C:

- **Confianza:** la confianza en tu adolescente, evidentemente ajustada al nivel de desarrollo en cada momento, es la base de todo. Confiar en que va a ser capaz de marcarse sus propias metas, en que tiene voluntad de contribuir en casa, en que su necesidad de privacidad no significa que esté ocultando algo malo…

  La confianza siempre paga, siempre vuelve. Si confías en tu hijo adolescente, llegará a ser alguien en quien se pueda confiar.

- **Conexión:** si tuviera que resumir la educación en una sola palabra, sería esta: conexión. Porque una cosa es cumplir nuestras responsabilidades como adultos y dar una llamada de atención cuando es necesario, o prohibir, o poner límites…, y otra muy diferente es hacer que la labor educativa pase por encima del vínculo que tenemos con nuestros adolescentes.

Conectar es educar desde la empatía, sin prejuicios, con la convicción de que se aprende más con amor que con mil sermones.

- **Control:** entiendo controlar no en el sentido de *dominar*, sino en el de *supervisar*. Como madre o padre de adolescentes, tu misión no es dejarlos hacer y despreocuparte, sino estar siempre un poco pendiente de que todo vaya bien; confiar, pero sin dejar de prestar atención a algunas señales de alarma que puedan indicar problemas. Ningún adolescente quiere que sus padres le nieguen una mirada o unas palabras. Lo que quiere es mayor libertad para actuar, y convertir esa relación infantil, vertical, en una relación más horizontal.

Desde la conexión y la confianza, y conservando el punto justo de control sobre tu hijo o hija, lo ayudarás a construir una sana autoestima. Y este es, probablemente, el mejor regalo que puedas hacerle a tu adolescente.

Lo sé: así, por escrito, parece fácil, pero no lo es. Por eso este libro está animado por el mismo espíritu que el blog. Lo que pretendo es responder a preguntas muy concretas, aquellas que me llegan a diario por *email* o en las redes sociales. Con los conocimientos, serios y actualizados, que me dan mi formación y mi experiencia, pero con sencillez y cercanía, porque no pretendo ser una profesora que sienta cátedra, sino una compañera en el camino de la educación de tu adolescente. El título, de hecho, no es casual: no es que pretenda conocer todas y cada una de las situaciones complicadas que se pueden presentar con adolescentes, pero sí que hago un repaso profundo, de la A a la Z, centrándome en aquellas cuestiones que más preocupan a los padres.

Los capítulos son, por tanto, muy concretos, y, para facilitar la consulta, están agrupados por temática en ocho apartados que se refieren a los asuntos más «candentes» en esta etapa: relaciones sexoafectivas, pantallas, adicciones, estudios, vida social, comunicación y problemas emocionales.

Dos apartados, «Adoles...¿qué?» y «Ser padres de adolescentes en el siglo XXI», son, con todo, un poco diferentes: el primero tiene un carácter general, de explicación algo más teórica de la adolescencia, y toca problemas importantes, pero quizá menos concretos; el segundo se refiere no a los problemas de los adolescentes, sino a los de las madres y los padres, como las dificultades para adoptar un estilo educativo diferente al vivido en la infancia.

Los apartados facilitan que puedas leer el libro del tirón, si ese es tu deseo, pero lo que de verdad me gustaría es que te lo guardaras como ese libro de cabecera que hojeas, miras o consultas cuando surge un desafío. Porque no hay nada mejor que tener una respuesta precisa en el mismo momento en que surge una duda.

Ojalá te sea muy útil.

ADOLES... ¿QUÉ?

Mitos sobre la adolescencia que no tienen fundamento científico

Si a cualquier padre o madre se le pregunta qué es lo que más miedo le da con respecto a la educación, desde el momento en que nació su bebé, lo más probable es que responda: la adolescencia. Y es que los años adolescentes son el patito feo de la educación, los más duramente juzgados. Pero lo peor no es eso; lo peor es que esta visión negativa de la adolescencia se enraíza en una serie de mitos que carecen de fundamento científico.

Estos mitos sobre la adolescencia están tan anclados en nuestra sociedad que incluso familias que conocen bien el desarrollo cerebral y físico durante la infancia, y que practican la educación democrática, tienden a educar de forma más autoritaria o más permisiva a sus adolescentes. Y esto acaba lastrando la relación que mantienen entre sí (y que determinará, en parte, la que tendrán en el futuro).

Pero, además, y quizá esto sea lo peor de todo, los mitos determinan la forma en que los chicos y chicas adolescentes se comportan. Porque la sociedad, al repetir estas creencias delante de sus adolescentes, les está poniendo delante un patrón al que terminarán amoldándose; es lo que en psicología se conoce como efecto Pigmalión.

Los cuatro mitos más extendidos
sobre la adolescencia

Los mitos que circulan sobre la adolescencia son muchos más de cuatro, pero estos son lo suficientemente representativos y generales como para reducirlos así:

• **Los y las adolescentes son sacos de hormonas sin control**
Según este extendidísimo mito, las hormonas llevan a los y las adolescentes a convertirse en seres inaguantables, impulsivos, rebeldes e inestables, características que los arrastran a probar sustancias, a las conductas de riesgo y hasta al vandalismo.
No cabe duda de que en el paso de la infancia a la adolescencia la conducta cambia, y mucho. Incluso niños y niñas que durante su infancia se caracterizaban por la obediencia y la calma pueden convertirse en adolescentes impulsivos y rebeldes. Y también es cierto que el nivel hormonal es más elevado en esa época. Sin embargo, el cambio de actitud adolescente no se debe a las hormonas, ni mucho menos: se debe a los cambios que se están produciendo en su cerebro.
Lo que caracteriza a la etapa adolescente es la nece-

sidad de salir del hogar, de crear un nuevo nido. Y para ello es necesario mucho valor: ¿quién se iría de un lugar donde lo conocen, lo respetan y lo aman a un mundo en el que ignora lo que le va a suceder? Pues bien, el cerebro adolescente está preparado para dar este salto, y por ello va a asumir, de manera natural, muchos más riesgos que un cerebro infantil o adulto.

Esta solo una de las razones por las que en la adolescencia se corren más riesgos que en otras etapas de la vida; la otra es también cerebral: en la adolescencia, la corteza frontal, que controla el pensamiento racional, aún no ha madurado, de manera que es mucho más difícil tomar decisiones meditadas.

La unión de la asunción de riesgos con el escaso control de impulsos puede dar como resultado, y lo da en ocasiones, conductas peligrosas, como el consumo de sustancias, pero no está de más recordar que la mayoría de las adolescencias son tranquilas, sin grandes conflictos ni en casa ni fuera de ella.

- **Los adolescentes son vagos, egoístas e irresponsables**
  Muchas familias definirían a sus adolescentes como zombis que amanecen pasado el mediodía y no hacen otra cosa que mirar el móvil y divertirse con sus amistades. Que suspenden aunque en Primaria sacaran buenas notas y que muestran un desinterés total por todo.
  Parece el retrato robot del adolescente del siglo XXI, y no es que no haya algo cierto, pero sí mucho que matizar.

En primer lugar, sí, en la adolescencia se madruga poco. Esto es debido a que, con los cambios puberales, la melatonina (la hormona que induce al sueño) se libera más tardíamente que en la edad adulta, de manera que los adolescentes tienden a acostarse y a levantarse más tarde. Una persona adolescente necesita dormir, de media, unas diez horas diarias, por lo que, si se acuesta a las doce, se despertará naturalmente hacia las diez. Como esto, en nuestra sociedad, no es posible, lo que sucede es que los adolescentes suelen tener déficit de sueño.

La idea de que son vagos es, sin embargo, un mito. Muchas personas menores de veinticinco años (el momento en que puede darse por cerrado el desarrollo cerebral) han llevado a cabo grandes obras (pienso ahora mismo, por ejemplo, en la activista Malala Yousafzai, Nobel de la Paz con diecisiete años) y, para ello, han trabajado con mucho tesón en sus proyectos.

Sí que hay a menudo, en la adolescencia, un desinterés hacia los estudios, pero muy probablemente se deba solo a que la Secundaria, tal como está estructurada, no supone una fuente de motivación ni de estímulo. Sin embargo, muchos de esos chicos y chicas adolescentes desmotivados hacia los estudios son capaces de esforzarse y sacrificarse por otras aficiones, como el deporte o la música.

El problema reside, pues, en ayudar a los adolescentes a saber cuáles son sus pasiones para que sean capaces de trabajar en ellas y contribuyan a la sociedad desde su parcela de conocimiento.

- **Los adolescentes no necesitan a sus padres, se bastan con sus amistades**

Es un reproche frecuente hacia la adolescencia: padres y madres que compartían aficiones con sus hijos, que disfrutaban de su compañía, de pronto se encuentran con que son desplazados por los amigos, rechazados.

El volverse hacia las amistades más que hacia la familia es característico de esta etapa y se relaciona con la necesidad evolutiva de salir al exterior. Para salir del nido es necesario relacionarse con personas de su misma edad y con la misma visión del mundo; además, la vida social es un mundo nuevo frente al espacio conocido de la familia, y ya se ha comentado la necesidad adolescente de novedad.

Por otro lado, la vida social, el placer que produce tener el reconocimiento de sus iguales, activa los circuitos cerebrales de recompensa mediante la generación de oxitocina, lo que causa un estado de satisfacción inmediata (de ahí que sientan esa «necesidad» de hablar con sus amistades, de mirar el móvil continuamente). El cerebro adolescente, precisamente por la falta de madurez de la corteza frontal, es muy sensible a la dopamina, de modo que tenderá a buscar esta sensación (y, por tanto, la comunicación con sus pares) con tanta frecuencia como pueda.

Pero afirmar esto no significa que los adolescentes no necesiten a sus padres. La relación debe evolucionar, adaptarse a la nueva situación, pero es indudable que necesitan apoyo, ejemplo y sostén adulto.

Apoyar sus decisiones, respaldar su independencia y acoger sus errores son las tres claves para dar el apoyo que necesitan: explícito, pero no intrusivo. Y es que, además, está demostrado que, cuanto mejor sea la relación del adolescente con sus padres, cuanto más sostenido se sienta (y no está de más recordar que los límites, y los noes, también sostienen), mejor es, en general, su adaptación social y su desarrollo psíquico.

- **La adolescencia es solo una fase, y se pasa dejándolos estar sin más, sin molestarlos demasiado**
  Este es un mito más extendido de lo que parece entre los padres y madres de adolescentes, a quienes en ocasiones les gustaría ser como avestruces: esconder la cabeza bajo tierra hasta que el fatídico momento de la adolescencia pase, y después continuar con su vida como si nada.

  Pero lo cierto es que, aunque la adolescencia pasa, es una etapa fundamental del desarrollo, en la que se reconfiguran y especializan los circuitos cerebrales y se asientan hábitos como el esfuerzo, la disciplina o la creatividad. El rol de los padres es estar ahí para apoyar a sus hijos, para ir transmitiéndoles responsabilidades, de modo que, al terminar la adolescencia, sus hijos hayan desarrollado la autonomía necesaria y deseable para inscribirse con éxito en el mundo adulto.

  Merece la pena, pues, transitar por la adolescencia de los hijos ajustando las velas y haciendo frente al temporal con la mayor energía que sea posible.

Cosas que odias
de tu adolescente
y por qué son normales

Que a los adolescentes no hay quien los entienda es casi un tópico. Pero lo que quizá no te esperabas es que algunas de esas *cosas raras* de tu hijo o hija adolescente te resultarían muy molestas. Que incluso las odiarías. Que, a pesar de tu amor indudable, tu adolescente podía llegar a «caerte mal».

Y lo peor no es eso: lo peor es que es muy probable que no puedas cambiar todas esas cosas que no te gustan, porque son normales.

Pero no, la culpa no es de las hormonas, es de su cerebro. Los cambios cerebrales lo están empujando a reivindicarse como una persona autónoma y diferente de ti. Exacto, es el proceso de individuación del que se hablaba en la introducción.

Las cuatro actitudes de tu adolescente
que no soportas pero son normales

* **Va a su rollo**

Hasta la niña más expansiva y sociable parece mutar cuando llega la adolescencia: o está fuera o se queda encerrada en su cuarto y solo parece preocuparse de sus asuntos y de sus amistades. Y es difícil saber lo que hace con esas amistades. Es más, a veces llegamos a enterarnos de que tienen comportamientos que no aprobamos, o incluso que son peligrosos.

Pero hay un duelo que todo padre o madre deber realizar con la llegada de la adolescencia, y es la renuncia a tener continuamente toda la información. Es necesario aceptar que tu adolescente se está convirtiendo en una persona adulta y que, como ya te sucede con otras personas, habrá cosas de su vida que no conozcas.

Porque en este momento de su vida necesita separarse de ti y construir su propia individualidad, tomar sus propias decisiones. Y ten por seguro que muchas veces preferirá equivocarse solo que acertar contigo. Así que ha llegado el momento de soltar.

Tu adolescente debe sentir tu apoyo en sus primeras experiencias independientes. Debe saber que estás ahí, que confías en sus decisiones y que no juzgas sus errores cuando los comete, sino que lo ayudas a transitar las consecuencias de esas equivocaciones, y a corregir su conducta si es necesario. Y, por supuesto, debes seguir ahí para cuando se equivoque (que lo hará) y te necesite.

- **Rechaza las normas**

  Con la adolescencia, en el tema de las normas, no suele quedar títere con cabeza. Cuestionan hasta las más básicas, las que llevaban cumpliendo desde la infancia y parecía que nunca habían supuesto un problema. Necesitan negociar todas y cada una de ellas. Es agotador.

  Las razones adolescentes para no seguir las normas son incontables; desde el hecho de que prefieren la opinión de sus pares (que también «van a su rollo»), pasando por el desajuste entre las normas y su nivel de desarrollo o su necesidad de asegurarse de que nuestro amor es incondicional (algo similar a lo que les sucedía cuando tenían dos o tres años y «probaban» las normas para ver si eran consistentes).

  Ahora, más que nunca, funciona la regla general para normas y límites: poner los mínimos, ser consistentes y tener tacto.

  ¿Qué significa exactamente esto? Pues se traduce en lo siguiente:

  - Comunicar las normas y los límites de forma clara y sencilla (a veces los adolescentes no tienen claro lo que se espera de su comportamiento).
  - No pasarlos nunca por alto, es decir, no hacer la vista gorda cuando se los salten. Tampoco hace falta enfa-

darse, pero, si la hora de llegada son las once y llega a las once y cuarto, podemos decirle: «Veo que has llegado un poco tarde, ¿ha pasado algo?». A veces necesitan, simplemente, sentir que les estamos viendo, que nos fijamos en ellos.

— Corregir siempre en privado (a nadie le gusta que lo ridiculicen delante de otra gente, y en la adolescencia aún menos).

• **Se deja llevar por sus impulsos**
A lo mejor tu hijo, que era un niño supercuidadoso que medía siempre lo que iba a hacer y nunca daba un paso en falso, se ha enfadado en clase por un comentario de su profesor (que ni siquiera te parece tan grave) y le ha gritado o faltado al respeto. Se ha dejado llevar por su emoción, algo que nunca había sucedido antes. Y, de hecho, en frío, ni siquiera él entiende por qué ha reaccionado así.

Puede ser desesperante, pero es normal, porque el cerebro adolescente no es capaz de autocontrolarse, y, hasta que la corteza frontal no se desarrolle, le va a ser complicado controlarse. Así pues, no trates de reprimirlo: si la reacción ha resultado en algo negativo, simplemente ayúdalo a entenderlo y también a reparar su error en la medida de lo posible (en este caso, podría pedir disculpas).

Esta impulsividad irá cediendo paso al autocontrol, y el proceso será menos duro si lo acompañas sin juzgarlo.

De momento, puedes acompañarlo con estrategias para que evite *saltar*, pero debes entender que seguramente tendrá dificultades para aplicarlas.

- **Te cuestiona continuamente**
Lo esperable a los trece años, dice la psicóloga Lisa Damour, es que a tu adolescente no le guste ni la forma en que respiras. Es una exageración, claro (aunque bastante realista), pero resume muy bien el proceso de individuación. En la infancia, las figuras de apego son percibidas como héroes. Tu hijo quería ser como tú, vestir como tú, hacer el mismo trabajo que tú, ser la misma persona que tú. Pero, al final de la infancia, la necesidad de ser una persona independiente se manifiesta, en un primer momento, como una oposición muy fuerte a las figuras que antes se admiraban. Criticará cómo hablas, cómo te vistes, cómo te bebes el café.

Además, en la adolescencia se desarrolla un sentido ético muy profundo, de manera que, si tu adolescente percibe en tu conducta lo que puede parecer un fallo o una incoherencia, con toda probabilidad te juzgará de forma muy dura. Y, sí, es doloroso. Por supuesto que lo es.

Te ayudará saber que no es personal, aunque lo parezca, sino que está relacionado con su proceso de individuación. Y lo mejor que puedes hacer es no dejarte llevar por las emociones que te provocan sus comentarios, sino responder (si hace falta una respuesta) desde la serenidad y el autocontrol.

Recuerda que la persona adulta aquí eres tú. Y que con tu conducta modelas la suya. No es instantáneo, pero merece la pena perseverar.

Entonces, ¿tengo que aceptar que no aguanto a mi adolescente y no hacer nada?

No. Rotundamente no.

En primer lugar, debes vigilar siempre y asegurarte de que ninguna actitud termina siendo preocupante. Preocúpate si observas, en algún momento, que su desarrollo parece estancado (en lo físico, en lo social, en los estudios...) o si alguna otra persona adulta que lo acompañe (en clase, en su club deportivo...) te manifiesta algo inquietante. De no ser así, puedes confiar en que su actitud, por irritante que sea, forma parte de su desarrollo.

Pero, además, debes ser muy consciente de que el desarrollo de tu adolescente no tiene por qué interferir de forma grave en la vida familiar. Y, para ello, lo mejor es que comprendas por qué no soportas esos comportamientos de tu adolescente y cómo podéis reconectar para buscar una solución que sea satisfactoria para todo el mundo.

Este camino no es fácil. Pero es el único para acompañar a tu adolescente manteniendo la conexión. Y la conexión que tenéis ahora está fundamentando el vínculo que os unirá cuando llegue a la edad adulta.

¿Por qué deberías reconectar con tu adolescente?

Primer día de instituto. Llega tu adolescente y le preguntas qué tal. Te contesta con un gruñido. Atacas por otro flanco, que si está en clase con su mejor amiga, que si le ha tocado tal profe para matemáticas. Un bufido. «Es que nunca me cuentas nada, con lo alegre y comunicativa que eras cuando estabas en Primaria». Un grito. «Mamá, eres una pesada». Un portazo. Y el móvil, claro.

Si esta situación refleja lo que sucede en tu casa, tengo dos noticias para ti. La primera: no estás sola. Te acompaña una legión de madres y padres de adolescentes que cada día sufren por la desconexión con sus jóvenes. La segunda: no asumas que esto debe ser así. Puedes, y debes, cambiar la relación con tu adolescente.

¿Por qué en la adolescencia hay conflictos entre padres e hijos?

La adolescencia es, sin lugar a dudas, la época en la que más conflictos familiares hay. Como ya ha quedado dicho, este hecho se debe al «programa cerebral» adolescente: en la necesidad de «volar del nido», el adolescente necesita separarse de sus padres, física y emocionalmente.

Así, los conflictos se producen porque es necesario un reajuste familiar: los adolescentes deben asumir sus propios cambios físicos y cerebrales, y su nuevo rol en la sociedad como personas independientes de sus padres, y sus padres necesitan reformular sus propias expectativas hacia ellos y reconfigurar la pequeña sociedad familiar.

Por eso los conflictos, entendidos como enfrentamiento de intereses, se dan incluso en familias en las que había habido una relación armónica entre padres e hijos durante la niñez. Lo raro es, de hecho, que no existan.

¿Son un problema los conflictos entre padres e hijos en la adolescencia?

De hecho, los conflictos en sí no son ni buenos ni malos: son parte de la vida, de la condición humana. Lo negativo, si lo hay, no se deriva del conflicto en sí, sino de la respuesta a él; por esta razón, pueden verse también como una oportunidad para aprender, incluso para restablecer conexiones entre las personas implicadas.

Y por esta razón, también, si en tu casa es frecuente que los conflictos terminen entre gritos y portazos, debes cambiar el rumbo. Una cosa es que los conflictos en la adolescencia sean comunes y no supongan, por lo general, un problema, y otra muy diferente es que no se haga nada al respecto.

La teoría de los estilos de crianza de Maccoby y Martin

En 1983, los psicólogos Maccoby y Martin propusieron, basándose en las investigaciones previas de Diana Baumrind, una teoría sobre los estilos de crianza basada en dos dimensiones: el afecto/comunicación y el control/establecimiento de límites. Su modelo establece cuatro estilos:

- **Estilo autoritario:** alto nivel de control, pero escasas muestras de afecto y mala comunicación.
- **Estilo democrático:** alto nivel de control y también de afecto y comunicación.
- **Estilo permisivo:** escaso control, pero mucho afecto y comunicación.
- **Estilo negligente o indiferente:** control bajo con escasas muestras de afecto y mala comunicación.

Por qué deberías adoptar una educación democrática para con tu adolescente

El estilo educativo democrático se basa en el afecto, la comunicación y el control. Se trata de poner límites, sí, pero desde la conexión emocional. Y sus beneficios están más que probados:

- **Mayor bienestar emocional:** los jóvenes así criados sienten mayor bienestar interno porque conocen sus necesidades emocionales y saben cómo satisfacerlas desde el respeto a las demás personas.

• **Mejores niveles de autoestima y un autoconcepto más ajustado:** han sentido en sus familias el amor incondicional y, así, han aprendido a conocerse de manera realista y a quererse. Por eso se sienten capaces de afrontar nuevos retos.

• **Alto desarrollo moral y social:** se trata de adolescentes que han sido criados en la negociación de las reglas, en su cumplimiento con flexibilidad y teniendo en cuenta las necesidades de toda la familia, por lo que su relación con la sociedad tenderá a reproducir el patrón que han aprendido en casa.

• **Mejor rendimiento académico:** los estudios demuestran que en las familias con un estilo de crianza democrático, los padres se implican más en la escuela y sus adolescentes tienen un autoconcepto académico más alto. Ambos factores repercuten positivamente en sus resultados.

• **Menores niveles de ansiedad:** la ansiedad se relaciona con la autoestima: a mayor autoestima, menor ansiedad. Por esta razón los adolescentes criados de forma democrática tienden a presentar menor ansiedad.

• **Mejor gestión de los conflictos:** los padres y madres democráticos tienen mejores estrategias de disciplina y de gestión de los conflictos, por lo que sus adolescentes pueden enfrentarse a los problemas de manera menos agresiva y más eficaz.

• **Menor incidencia de trastornos de conducta alimentaria (TCA):** los TCA son enfermedades multifactoriales, pero uno de los factores de protección es una alta autoestima. Y, como los adolescentes criados en familias democráticas tienen niveles más altos de autoestima, tienen también más protección que la media frente a los TCA.

- **Mayor protección frente a un estilo de vida negativo:** los estilos de vida adolescentes se ven influidos por el entorno familiar. Si los padres están presentes y la comunicación es buena, es más probable que las amistades y el estilo de vida sean sanos (con menos conductas de riesgo o antisociales).

- **Mejor desarrollo psicosocial:** los procesos involucrados en el desarrollo infantil (desarrollo cognitivo, afectivo, social...) se ven beneficiados por el establecimiento de un clima familiar democrático. Así, una educación democrática contribuye a un desarrollo más armónico de la persona.

- **Mayor grado de autonomía:** la crianza democrática estimula el pensamiento crítico y la autonomía de los hijos a partir de sus necesidades e intereses, de manera que, llegada la adolescencia, estos hijos saben cómo tomar sus propias decisiones (sin depender de otros).

Cómo cambiar las dinámicas educativas con tu adolescente

Suele decirse que en la adolescencia se recogen los frutos de la educación que se ha dado hasta entonces; por eso, si hasta ahora tu estilo educativo no era democrático, es posible que se os estén atragantando los conflictos, y, lo más importante, que tu adolescente y tú hayáis desconectado.

Pero no te alarmes: el cerebro adolescente está en el momento madurativo perfecto para acoger cambios de todo tipo y hacerlos suyos.

¿Vas a desperdiciar esta magnífica oportunidad? ¿O vas a tratar de reconectar con tu adolescente desde ya?

Si quieres reconectar con tu adolescente, puedes empezar por aquí:

- **Cuídate:** está muy de moda lo de «cuídate para cuidar», pero hay que empezar a defender el cuidarse «porque sí». Tu adolescente no es el centro de tu vida, y tú mereces atención y cuidados. Antes de intentar cambiar nada en tu familia, mira hacia ti y préstate la atención que te mereces.
- **Conoce tus emociones y conecta con tu historia personal:** si quieres cambiar la dinámica educativa, debes recorrer tu historia e identificar los patrones educativos de tus padres que tienes interiorizados. Puede ser difícil y a lo mejor necesitas ayuda profesional, pero te será muy útil para romper con ellos y educar libremente.
- **Fórmate:** si conoces el funcionamiento del cerebro adolescente, si entiendes de verdad el porqué de sus reacciones, habrás dado un gran paso hacia el cambio.
- **Permítete fallar:** en educación no hay recetas ni atajos. Puede que un día todo salga bien y al día siguiente todo sea un desastre. Acéptalo y acógelo. No pasa nada. Mañana irá mejor.

- **Demuéstrale tu amor incondicional:** este es el consejo más importante para cambiar la relación con tu adolescente. Y es que, cuando el afecto demostrado es mayor, las estrategias de comunicación y de disciplina son más eficaces. Tu adolescente no solo necesita que lo quieras: necesita sentirlo. Y los gritos y reproches le hacen creer que tu amor está condicionado.

Cambiar la relación con un hijo adolescente es, en ocasiones, un camino difícil. Pero merece la pena, y mucho, porque estás creando unos patrones de conducta y construyendo la relación que tendréis el día de mañana, cuando se haya convertido en una persona adulta.

Adolescentes responsables: ¿un imposible?

«**P**ero ¡si el año pasado era superresponsable! ¡Y este año ya lleva dos partes y ni la cama se hace!» Este lamento se escucha a menudo en las charlas con familias de primero y segundo de la ESO, porque ni siquiera esos niños y niñas que hasta entonces parecían irreprochables están a salvo de la transformación radical que supone la adolescencia.

Y es que preocupa, y mucho, que determinadas actitudes que parecen falta de esfuerzo o irresponsabilidad perduren, se instalen, y esos niños tan inteligentes y trabajadores no se conviertan en los adultos maduros que parecía que llegarían a ser.

Los adolescentes no son irresponsables

Pero no: los adolescentes no son irresponsables. No todos y, desde luego, no en todo. Como individuos, desde la niñez hasta la edad adulta tenemos la necesidad de contribuir a la sociedad para sentirnos parte de ella. La adolescencia no es una excepción. De hecho, el adolescente asume muchas responsabilidades con sus iguales.

Esas adolescentes que llegan a casa tarde sin importarles que sus padres se enfaden porque están acompañando a una amiga que lo está pasando mal, esos chicos capaces de ensayar con su instrumento horas y horas, esas jóvenes que no se pierden ni un entrenamiento... Estas actitudes, tan propias de la adolescencia, son sinónimo de responsabilidad. De compromiso.

¿Por qué, entonces, está tan extendida esta idea de que son irresponsables? Probablemente porque estamos poniendo el foco en las tareas menos gratas, aquellas que más les aburren: estudiar, recoger la habitación.

Pero ¿es justo medir el compromiso de un adulto por su esfuerzo en las tareas más aburridas y mecánicas de su trabajo? Es probable que no lo sea, y con los adolescentes sucede lo mismo.

¿Son los adolescentes capaces de asumir responsabilidades familiares?

Contrariamente a lo que solemos creer, las responsabilidades para con la sociedad pueden llegar de manera natural.

Esto sucede a menudo en los jóvenes que han tenido menos imposiciones y más posibilidades de emprender sus propios proyectos, sin presiones ni juicios. Cuando están preparados, pasan espontáneamente a preocuparse por el bienestar de la sociedad en la que viven. Este fenómeno, el paso del egoísmo infantil al sentido comunitario en la juventud, se ha observado en comunidades de educación libre (así lo estudió, por ejemplo, Rebeca Wild).

Efectivamente, no todos los niños han sido educados así, pero tenemos la suerte de que en la adolescencia el cerebro se rediseña completamente, y el sentido de la responsabilidad se puede trabajar como cualquier otra habilidad. Aunque probablemente para ello sea necesario, primero, revisar los principios adultos.

Cómo ayudar a tu adolescente a asumir responsabilidades externas

Tener un adolescente responsable puede, por tanto, ser una cuestión de cambio de perspectiva: si el adulto que acompaña es capaz de poner el foco en lo que sí que hace bien, y no en lo que no, es más que probable que el adolescente sea capaz de asumir más responsabilidades. He aquí algunas claves:

- **Conecta:** en educación no hay recetas, pero está demostrado que algunas cosas funcionan. Y, cuando hay un problema, lo mejor es volver a la esencia: la conexión. Los adolescentes necesitan sentirse parte de ese universo que es la familia. Si hay conexión, ser responsable es más fácil. Procura que la prisa no te robe un ratito diario de conexión con tu adolescente: una charla, un abrazo, una mirada cómplice, un «te quiero»... No lo dejes pasar.

• **Revisa tus expectativas:** no te olvides de su edad ni de sus necesidades. Recuerda que la mayoría de los adolescentes, cuando vuelven a casa después del instituto, aún tienen esas extraescolares que los ayudan a equilibrarse, trabajo escolar que hacer y la necesidad de socializar.

   Está bien que ponga y quite la mesa o que baje la basura a diario, pero a lo mejor, si quieres que limpie en casa, debes esperar al fin de semana. Se trata, simplemente, de encontrar un ritmo que convenga a todo el mundo (y a veces, también, de aceptar un poco de desorden).

• **Escucha:** el *ordeno y mando* no funciona con los adolescentes: lo mejor es sentarse y poner conjuntamente sobre la mesa las necesidades individuales de cada cual así como las necesidades familiares.

   Porque puede que a ti te guste echarte la siesta con la cocina recogida, pero quizá tu adolescente necesite justamente lo contrario, así que, en vez de reprochárselo a diario, háblalo con él. A lo mejor descubres que la cocina puede esperar un rato y crece la armonía familiar.

• **Confía en sus capacidades:** asumir responsabilidades significa aprender a comprometerse con la tarea, y eso es imposible de hacer si tenemos a alguien que continuamente nos la recuerda.

   Tenemos la costumbre de pensar mal de los adolescentes: en vez de confiar, imaginamos lo que va a pasar «si no...». En realidad, no obstante, lo que funciona, tanto con un adolescente como con cualquier otra persona, es precisamente lo contrario: tener la expectativa de que sí va a cumplir con su parte.

• **Agradece:** es curioso cómo, dentro de las familias, parece no existir la necesidad de agradecer salvo cuando alguien hace un favor a otro. Sin embargo, fuera de casa se dan las gracias a muchas personas, a diario, por cumplir con su obligación: al camarero, a la dependienta, al conductor del autobús...

Cuando se le dan las gracias a un adolescente, se está reconociendo el valor que aporta a la familia: es su obligación, sí, pero al escuchar «gracias», el adolescente se siente visto, siente que su esfuerzo no ha sido en vano, que no se da por sentado.

Haz la prueba: el ambiente familiar cambia de modo radical cuando se toma la costumbre del agradecimiento.

• **Sé flexible:** habéis llegado a un acuerdo y tu adolescente no ha cumplido: ¿qué haces? Probablemente enfadarte, invadir el espacio donde está y gritarle.

Ahora piensa que eres tú la que no ha cumplido un acuerdo al que habías llegado con tu pareja, o con una amiga, ¿qué te gustaría escuchar? Y es que en ocasiones algunas conductas que están socialmente aceptadas con niños y adolescentes serían una grave falta de respeto hacia otros adultos.

Cuando tu adolescente no cumpla un acuerdo, lo mejor es esperar un momento en que esté receptivo y preguntarle qué ha pasado. Así se iniciará un diálogo, no una lucha de poder.

- **Dale más libertad:** la libertad es una de las armas más poderosas de las que disponemos, así que deja que tu adolescente se organice lo suyo (su habitación, sus estudios). Que sepa que estás ahí si necesita ayuda, que no lo has abandonado a su suerte, pero que no vas a decirle lo que tiene que hacer ni cómo.

  La libertad llama siempre a la asunción de mayores responsabilidades, así que la mejor receta para educar a adolescentes responsables es la supervisión sin control: no dejar de mirar lo que hace, pero tener claro que sus responsabilidades debe gestionárselas solo. Lo contrario sería cultivar la falsa responsabilidad.

PROBLEMAS EMOCIONALES EN LA ADOLESCENCIA

Decálogo para acompañar las emociones de tu adolescente (y no morir en el intento)

S i hay algo que caracteriza a la adolescencia (y que, por desgracia, no es un mito) es la inestabilidad emocional. La adolescencia es una etapa de cambios físicos, psicológicos y sociales, y estos van sistemáticamente acompañados de una emotividad a flor de piel, casi incontrolable, porque, precisamente, el autocontrol es la zona del cerebro que madura en último lugar.

Esa montaña rusa emocional que caracteriza a la adolescencia agota, estresa y enfada. No, los adolescentes no tienen manual de instrucciones, pero hay algunas *normas* que pueden ayudarte a acompañar sus emociones, a prevenir las explosiones y a acompañarlas cuando se den (pues se darán) de la forma más serena posible.

1. VERÁS A TU ADOLESCENTE TAL COMO ES

Tu adolescente no es sus limitaciones, ni sus explosiones de ira o tristeza, ni tampoco sus éxitos. Tampoco ha venido al mundo para cumplir los sueños que tú no realizaste.

Tu adolescente es una persona perfecta tal como es, que acierta y se equivoca igual que tú, y que aprende continuamente.

Eso es lo que debes ver cuando lo mires. Deja de lado tus prejuicios, tu opinión sobre sus elecciones, tus expectativas sobre su futuro: mira a tu adolescente por quien es ahora.

2. CUIDARÁS SIEMPRE SU AUTOESTIMA

Una sana autoestima es el mejor regalo que puedes darle a tu adolescente, pues lo ayudará a ser una persona segura de sí misma y asertiva, además de que lo protegerá contra algunas enfermedades mentales.

¿Y cómo se construye una sana autoestima? Demostrándole a cada paso tu amor incondicional. Porque la manera en que tú le hablas y le demuestras amor determina la manera en que tu adolescente se habla y se demuestra amor a sí mismo.

El amor incondicional se demuestra validando sus emociones, apoyando sus decisiones, valorando sus logros y haciéndole ver sus cualidades.

3. ANTICIPARÁS LOS CAMBIOS Y LOS COMPROMISOS

Por supuesto, a veces hay que improvisar y cambiar de planes sin tiempo, pero, como norma general, debes avisar siempre a tu adolescente de los planes; sobre todo si se trata de compromisos ineludibles que quizá no le apetezcan (comer en casa de familiares o de amigos, viajes, etcétera), y también de los cambios que pueda haber.

Si haces esto, evitarás que tu adolescente haga sus propios planes (y que, por tanto, se enfade porque los tenga que cancelar); también le facilitarás que se vaya haciendo a la idea de cómo va a ser la organización familiar y que en su planificación mental ya cuente con ese *contratiempo*.

A lo mejor cuando llega la hora de prepararse para salir no está de muy buen humor, pero, si sigues este principio, es probable que evites una explosión.

4. ENSEÑARÁS A TU ADOLESCENTE A PARARSE ANTES DE REACCIONAR

Mientras la corteza frontal de tu adolescente siga su curso de desarrollo, puede ser interesante enseñarle estrategias para evitar reaccionar desmedidamente ante situaciones inesperadas.

Una de ellas es hacer un conteo (hasta tres o hasta cinco) antes de reaccionar. Es un tiempo corto, pero suele ser suficiente para tomar conciencia de las propias emociones y de cómo se pueden expresar sin herir a nadie.

Se trata, al final, de actuar como si fueras una «corteza frontal artificial»: el cerebro de tu adolescente va a ir adquiriendo la capacidad de reflexionar antes de actuar, pero, si lo entrenas en ser capaz de esperar, podrá hacerlo de forma mucho más ajustada incluso antes de llegar a la madurez.

El dominio de estas estrategias, además, fortalece la autoestima, pues a nadie le gusta perder los papeles.

5. NO TE LO TOMARÁS COMO ALGO PERSONAL

La adolescencia es, no hay que perderlo nunca de vista, un proceso de cambio profundo a todos los niveles: físico, personal, emocional y social. El sistema límbico de tu adolescente, el que alberga la reacción emocional, está hiperexcitado, mientras que la corteza frontal, donde reside la capacidad para sopesar las propias reacciones, está aún inmadura, de manera que tu adolescente no es capaz de regular sus propias reacciones. Así que debes pensar que las malas caras, los gritos o los portazos no son un ataque personal contra ti, sino una cuestión de inmadurez cerebral.

6. RESPETARÁS SUS EMOCIONES, SIN MINIMIZARLAS NI ESCONDERLAS NI TRATAR DE REPARARLAS

Las emociones son las que son, y no son malas ni buenas: son una respuesta del organismo ante algo que existe, o que el sujeto cree que existe.

Es cierto que a veces, en la adolescencia, la reacción parece desmesurada para lo que la causa. Pero es que la emoción también está ligada a los pensamientos, a la propia interpretación de la realidad. En cualquier caso, la emoción es la que es, y por eso decirle a alguien «ya se te pasará» o «no estés triste» no lo va a ayudar, sino todo lo contrario: sentirá que lo rechazas.

Aceptar las emociones es también educar en la igualdad: es permitir a tu hijo emociones asociadas a lo femenino, como la tristeza, y a tu hija emociones asociadas a lo masculino, como la ira. Porque, aunque a veces parezca lo contrario, las emociones no tienen género.

7. RESPETARÁS TUS PROPIAS EMOCIONES, LAS NOMBRARÁS Y TE DARÁS ESPACIO PARA VIVIRLAS SIN OFENDER A OTRAS PERSONAS

O, lo que es lo mismo: predicarás con el ejemplo. Eso significa que, si en un momento dado te enfadas, deberías ser capaz de reconocer ese enfado y hacer algo que te ayude (marcharte si puedes, cambiar de actividad), mejor que, por ejemplo, gritarle a tu adolescente.

No es fácil, y a veces es necesaria ayuda profesional, pero merece la pena. Y es que desbordarse emocionalmente no educa a nadie, pero, en cambio, saber manejar las propias reacciones aporta una mayor felicidad.

8. TE MANTENDRÁS FIRME PERO SERENA EN TUS NORMAS Y LÍMITES

Un enfado o un momento de descontrol no es, nunca, el momento ideal para renegociar una norma o límite. Tú sabes por qué los has puesto, y no deberías cambiarlos solo porque tu adolescente esté fuera de sí.

Si tu adolescente se desborda, recuérdale serenamente que el límite está ahí, y la razón por la que se ha puesto, y acompaña su enfado de la manera que puedas; normalmente lo más aconsejable es no intervenir hasta que se calme.

¿Y entonces? ¿No digo nada y lo dejo pasar? No, lo que he dicho hasta ahora no significa que no debas nunca renegociar los límites, solo que deberías hacerlo en momentos de serenidad.

9. POSTERGARÁS LOS COMENTARIOS SOBRE SU REACCIÓN

Esto debes tenerlo en cuenta, sobre todo, cuando haya una reacción negativa. Si tu adolescente se deja desbordar por la emoción, y siempre que no haya peligro para nadie, te ahorrarás los comentarios y los reservarás para otro momento. Es más, si es posible, dile tranquilamente que salga de la habitación (también puedes salir tú) y que, cuando se sienta mejor, podréis volver a veros.

Esto no significa que lo dejes hacer, sin más. Al rato, cuando vuelva la calma, podéis hablar tranquilamente de lo que ha sucedido, de por qué, de cómo os habéis sentido, de qué reacción sería mejor para mantener la paz familiar e incluso, si fuera necesario, de reparación.

10. RECONOCERÁS SU ESFUERZO DE AUTOCONTROL

A veces se cae en el error de dar por sentadas actitudes que se esperan en los adolescentes, sin reconocerles el esfuerzo que han realizado. Pero no debería ser así: tu adolescente necesita que te enfoques en lo que sí que hace bien, mucho más que en sus equivocaciones. ¿Cómo va a saber que ves sus progresos si no se lo dices? ¿Cómo va a ser consciente de que te sientes orgullosa de su evolución si te lo callas?

Así que, cuando veas que tu adolescente no ha sobrerreaccionado a una emoción, debes decírselo. Quizá no en el mismo momento, pero sí un rato después: «Gracias porque he visto que te has enfadado un montón con tu hermano pero te has ido a tu cuarto sin gritarle». Este tipo de reconocimiento reforzará vuestra conexión y lo animará a seguir por el mismo camino.

Y recuerda siempre que estos diez mandamientos se resumen en dos: conectarás con tu adolescente ante todas las cosas y predicarás siempre con el ejemplo.

Cómo combatir la ansiedad en la adolescencia

¿Qué tienen en común Selena Gomez, Lady Gaga y Simone Biles? Las tres han tomado la decisión, en un momento de exposición máxima, de suspender sus compromisos profesionales por problemas de salud mental. Se podría pensar que se trata de un problema que afecta solo a personas famosas, pero no: entre la juventud española, casi la mitad revela haber tenido un problema de salud mental (diagnosticado o no) en los últimos doce meses (según el Barómetro Juvenil sobre Salud y Bienestar de 2019), y el 37,1 % de estas personas afirmó que ese problema se relacionaba con ansiedad, fobias y pánicos.

¿Son estas cifras tan alarmantes como parece? ¿La juventud actual tiene más problemas mentales que la de hace unos años? ¿Es posible combatir la ansiedad en la adolescencia?

¿Qué es exactamente la ansiedad?

Técnicamente, según el *Diccionario de términos médicos* de la Real Academia Nacional de Medicina de España, la ansiedad es el «sentimiento desagradable de sentirse amenazado por algo inconcreto, acompañado de sensaciones somáticas de tensión generalizada, falta de aire, sobresalto y búsqueda de una solución al peligro».

La ansiedad es una sensación normal, evolutiva, que prepara para huir del peligro o para afrontarlo, pero, si es desproporcionada o demasiado prolongada para el estímulo que la ha desencadenado, generada por asuntos cotidianos o de rutina, o siempre que dificulte desarrollar una vida normal, se convierte en un problema de salud mental.

¿Es la ansiedad una enfermedad común en la adolescencia de hoy?

Sí, lo es: la ansiedad y otros problemas de salud mental. De hecho, y aunque ya era un problema generalizado antes, con la crisis sanitaria provocada por la COVID-19, se está produciendo un repunte de las derivaciones de jóvenes a las consultas de psiquiatría pediátrica con cuadros de ansiedad, depresión, trastornos obsesivo-compulsivos… Lo que no está tan claro es si la ansiedad ya era común en la juventud de otra época. Y es que, aunque aún queda mucho por hacer, estos tiempos son excepcionales en la visibilización de la salud mental.

Es difícil de saber porque, como dice a menudo la psicóloga y divulgadora Patricia Ramírez, cuando nosotras éramos pequeñas solía considerarse que esas preocupaciones eran «cosas de la edad», y las personas adultas incluso las minimizaban con expresiones del tipo «Tú no sabes lo que son los problemas» o «Pues, si eso te preocupa, ya verás cuando crezcas». Así que, con las estadísticas en la mano, resulta difícil saber si la generalización de la ansiedad en la adolescencia es algo que va con los tiempos o si la juventud de hoy sabe reconocer los síntomas de ansiedad, ponerles un nombre y entender que se trata de un problema.

¿Qué puede causar ansiedad en la adolescencia?

Es importante quitarse de la cabeza esa idea de que los problemas de los adolescentes no son importantes. Son jóvenes, están descubriendo el mundo y sus preocupaciones son sinceras y muy reales.

Tu adolescente está en pleno cambio físico, emocional y social, y necesita reconocerse antes de poder cambiar su relación con el mundo. Ser adolescente no es fácil (recuerda tu propia adolescencia) y, sí, algunas de las cosas que les preocupan las relativizarán más adelante y les parecerán pequeñas, pero lo importante es cómo se sienten hoy.

Así que las causas del trastorno por ansiedad en la adolescencia suelen ser retos y desafíos de su día a día, como:

- La preocupación por sus resultados académicos (tanto si estos son en general buenos como si no lo son).
- El equilibrio entre sus responsabilidades escolares y otras voluntariamente escogidas, como el deporte, la música...
- Su vida social: sentirse bien con su grupo de iguales.
- Su propio autoconcepto (sentirse personas capaces; algo de lo que hablaremos más adelante).
- Los cambios físicos propios de la pubertad.
- El inicio del deseo y la actividad sexual.
- La presión por su futuro (ir o no a la universidad, qué estudiar, intentar satisfacer las presiones adultas).
- El manejo del mundo virtual y de su propia presencia en internet.

También son relativamente comunes determinados acontecimientos que pueden causar ansiedad adolescente:

- Divorcio o separación de los padres.
- Fallecimiento de un ser querido.
- Problemas económicos o laborales en la familia.
- Cambios de domicilio o de centro escolar.

Hay que tener en cuenta que cualquier adolescente puede sufrir un trastorno de ansiedad. Sin embargo, existen algunos factores de riesgo que hacen que algunos tengan más probabilidad de sufrirlos. Algunos de estos serían, según un estudio realizado por María Jesús Mardomingo Sanz (jefa de psiquiatría y psicología infantil del Hospital Gregorio Marañón de Madrid):

- Clase socioeconómica desfavorecida.
- Agresividad y violencia en la familia y en el medio social.
- Antecedentes de trastorno de ansiedad.
- Inhibición conductual y social como características temperamentales.
- Depresión familiar.
- Alcoholismo.
- Actitud excesivamente permisiva de los padres.
- Expectativas desmesuradas que cargan sobre el hijo una responsabilidad excesiva y agobiante.

Cuando un adolescente se preocupa mucho por su cuerpo…, ¿es un TCA?

L os trastornos de la conducta alimentaria (TCA) constituyen hoy en día la tercera enfermedad crónica más frecuente en mujeres adolescentes, aunque el número de varones afectados por ellos está aumentando de manera exponencial en los últimos años.

Todos los padres quieren que sus hijos adolescentes sean personas activas y tengan un estilo de vida saludable, lo que hace que en ocasiones sea difícil detectar el trastorno en su origen. ¿Se puede saber dónde está el límite entre una vida saludable y un TCA en la adolescencia? ¿Se puede predecir un TCA?

Para responder a esta pregunta, primero habría que hacer un repaso sobre los factores que pueden propiciar la aparición de TCA y cómo prevenirlos.

Factores de riesgo para los TCA

Los trastornos alimentarios son enfermedades multifactoriales en cuyo origen intervienen factores socioculturales, las influencias del entorno cercano y las características individuales. Por esta razón, no se puede hablar tanto de causas de los TCA como de factores de riesgo: aquellos que, individualmente o combinados, pueden favorecer la aparición de un trastorno.

Factores socioculturales en el desarrollo de TCA

• **La cultura de la delgadez y los medios de comunicación:** internet en general y las redes sociales en particular muestran unos estereotipos de belleza imposibles de alcanzar. Estos medios son un reflejo de la idealización de la delgadez propia de la cultura actual, en la que se asocia el bajo peso con éxito y el elevado, con fracaso social y personal, y se cree (y esto es muy peligroso) que el cuerpo se puede moldear a voluntad.

Además, en determinados momentos del año, como durante los meses previos al verano, hay una focalización aún mayor en el propio cuerpo, lo que lleva a veces al inicio de dietas restrictivas y puede desencadenar un TCA (o provocar una recaída) en personas que ya eran vulnerables.

Así que, si ves que tu adolescente muestra mucha admiración por el «cuerpo diez» que se presenta en estos medios, no estaría de más que tuvieras una conversación acerca de cómo se toman las fotografías, de los retoques... Porque no todo es lo que parece, y tu adolescente debería tenerlo presente.

- **Los grupos pro-TCA:** mención aparte merecen algunas páginas web y grupos de WhatsApp, Telegram, etcétera, donde se hace apología de los TCA y donde las chicas se dan consejos para perder peso de forma rápida, para vomitar sin que se entere su entorno... Funcionan como un grupo urbano, tienen un vocabulario específico y unos códigos de conducta y son realmente peligrosos. Si sospechas que tu hija está en uno de ellos, pide ayuda inmediatamente.

Factores individuales en el desarrollo de TCA

Aunque en los últimos años se están detectando TCA en personas con diferentes perfiles individuales y sociales, en los años noventa del siglo xx se establecieron unos factores personales de riesgo que siguen vigentes:

- **Perfeccionismo:** el perfeccionismo es una característica de la personalidad que hace que los objetivos personales sean elevados, que las preocupaciones acerca de los posibles errores generen gran ansiedad y que la conducta esté excesivamente dirigida por el resultado.

  El perfeccionismo se asocia, pues, al desarrollo y al mantenimiento de los TCA, pues puede conducir a la persona al deseo de un cuerpo perfecto y a seguir durante largo tiempo conductas propias de los trastornos alimentarios, aunque esto provoque sufrimiento.

- **Baja autoestima:** la baja autoestima es una característica personal que se construye socialmente, por lo que se hablará de ella en el siguiente punto.

Factores interpersonales en el desarrollo de TCA

- **La familia:** la familia es el primer lugar de socialización y uno de los más relevantes en la construcción de la personalidad. Por eso, el modelo familiar puede predisponer a los TCA o, al contrario, ser un factor protector.

Se ha asociado la presencia de TCA a familias con un estilo educativo estricto y autoritario, donde hay grandes expectativas sobre los hijos, no se expresan las emociones y se evitan los conflictos, aunque también a estilos parentales permisivos, en los que no hay un liderazgo claro. Es decir: cuanto más democrático es el estilo familiar, mayor protección contra los trastornos alimentarios.

Las personas adolescentes están en busca de su propia identidad. Y cuando no hay una guía clara o, por el contrario, esta es excesivamente rígida, cuando sienten que no pueden expresar sus propios puntos de vista y que los errores son motivo de castigo, les es mucho más difícil aceptarse, quererse y desarrollar una sana autoestima.

En estas ocasiones, el TCA parece ser la manera en que estas jóvenes construyen su propia «identidad»: una peligrosa manera de autoafirmarse.

- **La escuela y las amistades:** la escuela y unas amistades mal entendidas pueden ser un lugar donde se fragüe una baja autoestima. En estos casos, los apodos que de manera directa o indirecta se refieren al cuerpo de las personas, los episodios de *bullying* (muy frecuentes en niños y niñas con más peso) o el sentimiento de que hay que cumplir con los cánones sociales de belleza para tener la aprobación del grupo de iguales son capas que se van sumando para crear dudas sobre el propio cuerpo y sobre el propio yo y que pueden llevar a desarrollar trastornos psicológicos.

¿Se pueden evitar los TCA?

Los estudios sobre TCA están trabajando mucho en la prevención, pero, mientras la sociedad no cambie, será difícil llegar a decir que los TCA son evitables. Sí que se puede, sin embargo, ayudar a los adolescentes a construir una personalidad que los haga menos vulnerables a padecerlos.

Algunos consejos en este sentido son los siguientes:

- **Ayuda a tu adolescente a desarrollar una autoestima saludable:** hazle saber que es una persona valiosa por sí misma, que sus opiniones son importantes para ti.
- **Sé una madre presente:** aunque tu adolescente prefiera a sus amistades, sigue necesitándote y debe saber que estás ahí para ayudar cuando sea necesario. Que tu puerta

siempre esté abierta para charlar, aunque acabéis de discutir (o sobre todo, cuando acabéis de discutir).

- **Sé flexible:** solo si eres un modelo de flexibilidad tus hijos también lo serán. Flexibilidad no significa renunciar a tu papel ni perder autoridad: significa saber escuchar y comprender que no pasa nada si algunas cosas no se hacen a nuestra manera.
- **Ayúdale a establecer una relación sana con la comida:** comed en familia siempre que sea posible, déjale confiar en sus sensaciones de hambre y saciedad y no uses la comida como premio ni como castigo.
- **No hagas comentarios sobre el peso de nadie (tampoco sobre el tuyo):** cuando tus hijos los hagan, explícales que todos los cuerpos son diferentes y que todos merecen respeto.

¿Es TCA o solo quiere «comer bien»?

Si crees que tu adolescente sufre un TCA, no esperes y pide ayuda. En España hay varias asociaciones que pueden ayudarte a saber si debes acudir al médico.

Hay muchos TCA diferentes y cada uno tiene unas características específicas, pero estos son algunos de los síntomas que cita la Asociación contra la Anorexia y la Bulimia y que pueden hacerte sospechar un TCA:

- Adelgazamiento rápido en poco tiempo sin causa médica justificada.

- Ir al baño inmediatamente después de las comidas o con mucha frecuencia.
- Interés obsesivo por la comida y por las calorías ingeridas.
- Práctica excesiva de ejercicio físico.
- Rituales extraños con la comida (como trocearla en exceso o comer muy rápido o muy despacio).
- Miedo y rechazo exagerado al sobrepeso.
- Intentos de esconder el cuerpo con ropa ancha.
- Sentimiento de culpa por haber comido.
- Encontrar comida o restos de comida escondidos.
- Alteración del rendimiento académico.
  Descubrir que ha empezado a mentir.

Y recuerda: ser padre, ser madre, no es fácil. Si leyendo estas líneas has pensado que tu adolescente está en riesgo, no te culpes: es imposible controlarlo todo, proteger a los hijos de todos los peligros. No obstante, el TCA es un problema serio, por lo que si sospechas que tu adolescente puede padecerlo, no dudes en consultar con un profesional de la salud. Recuerda que tanto su salud mental como física son prioritarias.

SER PADRES
DE ADOLESCENTES
EN EL SIGLO XXI

Cómo impedir que se instale el *burnout* parental

L as madres están cansadas. Parece que este hecho sea la única realidad posible: el cansancio, tan físico durante la primera etapa de la crianza, nunca desaparece. Da igual si se trabaja o no por cuenta ajena, a tiempo completo o parcial; da lo mismo si se ejerce una profesión liberal o del sector primario: muchas madres (y padres) de hoy están sometidas a un estrés continuo, durante largo tiempo, y este hecho puede acabar desencadenando el llamado «síndrome de *burnout* parental».

El *burnout* es la respuesta del organismo ante una situación de estrés continuado cuando la persona que lo sufre no tiene recursos para compensarlo. Es un agotamiento extremo, que no se recupera durmiendo, y que puede ser físico, emocional o una mezcla de ambos. La persona, además, tiene la impresión de no poder salir de este estado.

El *burnout* parental, a pesar de compartir nombre con él, se diferencia del laboral en algo fundamental: en el rol de madre o padre no hay fines de semana, ni vacaciones, ni dimisiones, ni bajas por estrés. Y, por si esto fuera poco, las madres con *burnout* se sienten avergonzadas por no poder llegar a lo que se supone que deberían. Frases típicas de abuelas como «en mis tiempos teníamos más hijos y podíamos con todo» no son de gran ayuda en estos casos.

Pero esto no es todo. Una madre o padre con *burnout* parental tiene muchas más probabilidades de adoptar un comportamiento negligente o violento con respecto a sus hijos, problemas ambos que, de mantenerse en el tiempo, pueden tener consecuencias graves. Por eso el *burnout* parental es algo que hay que tomarse muy en serio y centrarse en la solución, pero sobre todo en la prevención.

Los síntomas del *burnout* parental

Las psicólogas Isabelle Roskam y Moïra Mikolajczak, profesoras en la Universidad de Lovaina (Bélgica) y fundadoras de un proyecto para prevenir y superar el *burnout* parental, afirman que es importante distinguir el *burnout* parental (que se manifiesta en la familia, con relación a los hijos) del profesional (que se relaciona con el trabajo), la depresión posparto (que se debe a la acción de las hormonas y se manifiesta en los días posteriores al parto) y la depresión (que afecta a todas las esferas de la vida de una persona, aunque hay que tener presente que el *burnout* en un aspecto de la vida puede terminar dando lugar a una depresión).

Los síntomas característicos del *burnout* parental, según estas mismas investigadoras, son:

- **Agotamiento del rol de madre o padre:** sí, todas las madres están cansadas. Pero no todas están extremamente agotadas, exhaustas, a diario, desde que se levantan, aunque hayan dormido suficiente. Y, además, no se trata solo de una fatiga física, también puede ser mental o una mezcla de ambas.

  Son madres y padres que, cuando se levantan por la mañana, se sienten incapaces de abordar un día más con sus hijos, de realizar hasta la tarea más mecánica de su rol de madres.

  Este agotamiento profundo suele ser el primer síntoma en aparecer y, si no se le presta la atención debida, puede acabar desencadenando los otros.

- **Saturación y pérdida de placer del rol de madre o padre:** no se trata de no disfrutar preparando la comida o recogiendo los juguetes, no: se trata de haber perdido la sensación de disfrute en esa faceta de la vida, la de madre.

  Así, por ejemplo, significa no ser capaz de disfrutar de placeres serenos, como sentarse en familia a ver una película o ir con los hijos a practicar su deporte favorito, o no poder enfrentarse a una adolescente que llega entusiasmada después de quedar con sus amigas y que quiere contarte mil cosas sobre lo que ha hecho.

- **Distanciamiento afectivo con respecto a los hijos:** con la energía bajo mínimos, se impone el distanciamiento afectivo, y lo que les pasa a los hijos, lo que sienten o cuentan, ya no interesa. Se dejan de lado los gestos y las palabras afectuosas. Es una madre que hace lo que hay que hacer, de manera casi automática, como si la relación con los hijos se resumiera a las rutinas, sin más.

- **Sentimiento de contraste entre la madre que se era y la que se es:** hay una toma de conciencia de que la persona ya no es la madre o padre que era, y aún menos la que querría ser. La sensación de que ya no se es la misma persona, la misma madre o padre que antes, es la guinda del pastel en el *burnout* parental.

Por supuesto, muchas madres experimentan estos síntomas de manera ocasional. Sin embargo, el *burnout* parental va un paso más allá del estrés ordinario de la vida de madre: es un estrés crónico e insoportable, que se manifiesta no solo de forma psicológica (no se trata solo de una percepción subjetiva), sino también física: se ha descubierto que en las madres y padres con *burnout* parental el nivel de cortisol, la hormona del estrés, era el doble que en otras personas que no tenían *burnout* (de hecho, era incluso mayor que en pacientes con dolor crónico severo), aunque sus niveles se reducían tras el tratamiento psicológico.

Las consecuencias del *burnout* parental

Los estudios psicológicos muestran que un 5 % de padres y madres, y hasta un 9 % en los países occidentales, padecen *burnout* parental. Se trata, pues, de un problema psicológico que habría que tener muy en cuenta, pues pone en riesgo la salud de quienes lo padecen y de los menores a su cargo.

Quienes tienen *burnout* parental manifiestan ideas suicidas con mucha más frecuencia que quienes padecen *burnout* laboral, e incluso que personas con depresión. Además, sufren otros problemas físicos, como trastornos del sueño o somatizaciones. Asimismo, como se ha avanzado antes, también los hijos pueden sufrir las consecuencias del estrés parental.

¿Se puede evitar el *burnout* parental?

La psicología no funciona como las matemáticas, y hay muchos factores en juego a la hora de manifestar, o no, *burnout* parental. De hecho, los factores sociodemográficos como la clase social o el hecho de ser madre soltera o de formar una familia numerosa tienen, sorprendentemente, poca influencia en este síndrome.

En cambio, se han detectado algunos factores de riesgo, como los siguientes:

- Algunas características de los padres, como el perfeccionismo o la ausencia de recursos para manejar el estrés y las emociones.
- Algunas características de los hijos; por ejemplo, el hecho de tener necesidades especiales.
- La calidad de la relación con el otro progenitor, sobre todo en lo que se refiere a la maternidad.

- La ausencia de una red de apoyo en forma de familia extensa o amigos.
- La desorganización en la familia (ausencia de horarios o rutinas).
- La imposibilidad de realizar actividades personales y significativas.

Es decir, el *burnout* parental no está causado por llevar una vida que podríamos llamar «objetivamente más estresante» que otras, sino que nace del desequilibrio entre los estresores (aquello que provoca estrés) y los recursos que se poseen para reducirlos. Esto significa, ni más ni menos, que la mejor prevención para el *burnout* parental está en dotar a las familias de recursos.

¿Cómo reequilibrar la balanza del estrés para no caer en el *burnout*?

Está demostrado que las madres que controlan mejor sus emociones padecen menos *burnout*. Pero controlar las propias emociones no es fácil; se trata de un aprendizaje de años. Hay, no obstante, algunos «trucos» que pueden ayudarte en este camino:

- **Identificar los factores personales de estrés:** puede ser el desorden, o quizá el hecho de que tu hijo «no quiera estudiar». También puede ser que te pases el día haciendo de «chófer» de tus hijos, o quizá no soportes que tu hija pase tanto rato eligiendo la ropa por la mañana. Saber lo que te estresa te ayudará a conocerte mejor, comprender las causas de ese estrés y encontrar mecanismos para limitarlo.

- **Comprender las razones detrás de las conductas de tu adolescente:** cuando sabes que la actitud desafiante de tu adolescente, su aparente rechazo a tus muestras de amor y su comportamiento a veces arriesgado responden a su desarrollo cerebral y no son personales ni culpa tuya, se reducen el estrés, la ansiedad y la culpa.
- **Compartir con otras familias:** las madres africanas padecen mucho menos *burnout* parental que las occidentales, probablemente porque la labor educativa se realiza de manera comunitaria. En Occidente no hay una comunidad que ayude a educar, aunque cada vez es más sencillo conocer a otras familias que apuestan por un modelo educativo similar y construir así la propia tribu, física o virtual.

Y, por supuesto, si se manifiesta el *burnout* o si crees que necesitas ayuda para controlar tus emociones, pide ayuda psicológica. Sanar el interior cuando es necesario es el primer paso para poder educar con serenidad.

Cómo influyen las heridas emocionales de tu infancia en la relación con tu adolescente

C uando comienzan a andar en la senda de la educación consciente, muchas madres (y padres) sienten frustración. Hay comprensión teórica de lo que se lee, hay voluntad de cambio, pero después se educa «en automático»: con gritos, reproches, enfado y desconexión.

Y es que el camino del cambio educativo no es en absoluto superficial. Es un camino interior, hacia las profundidades de una misma, y en este viaje pueden aparecer las heridas emocionales de la infancia, que, sin saberlo, están determinando ese modo «automático» de educar.

Qué son las heridas emocionales de la infancia

Hay infancias muy difíciles, en las que no cabe duda de que puede latir un trauma. Y luego están las demás, las infancias suficientemente buenas, a las que nadie acusaría de ser un lastre emocional. Sin embargo, la manera de educar que lleva siglos transmitiéndose de generación en generación pasa por la ausencia de conexión empática entre infante y adulto, lo que hace que el bebé y niño esté expuesto de forma frecuente a situaciones que le resultan dolorosas, en las que no se siente plenamente aceptado.

Las heridas emocionales son las consecuencias de este tipo de microtraumas que, al repetirse en el tiempo, impiden en el niño un desarrollo pleno y acaban teniendo repercusiones en la edad adulta. Por ello, muchas personas adultas viven con estas heridas sin ser realmente conscientes de ellas, y creen que la insatisfacción y la ansiedad que sienten son normales, porque son comunes a mucha gente. Pero la realidad es que su normalización no las hace naturales.

Y, luego, esas personas tienen hijos, y entonces se sienten en el disparadero, porque se reaviva el dolor. Se convierten, así, en transmisores de las heridas. Por eso resulta tan difícil educar de forma diferente a como lo hicieron los propios padres, porque no se trata solo de saber, de entender y de formarse, sino que se necesita un cambio más profundo.

Repercusiones en la edad adulta de las heridas emocionales de la infancia

Tener hijos es, como ha quedado dicho, iniciar un viaje hacia el propio pasado. Y de la misma manera que, cuando los hijos tienen cinco años, la noche de Reyes lleva a la emoción que se sentía en la propia infancia, sus emociones negativas conectan directamente con las emociones negativas de nuestra infancia.

Una madre que se siente amenazada, cuestionada, impotente, confundida..., es una madre que se sentía así en su infancia y que no fue capaz de gestionar sus emociones porque se le enseñó únicamente a esconderlas.

Hay cinco heridas primarias, que veremos a continuación, y cada una de ellas deja una huella diferente, pero, sin embargo, todas se caracterizan porque, en la maternidad o paternidad, provocan dificultades para ser empáticos con los hijos. De este modo, cuando tu hijo adolescente te da una mala respuesta, inmediatamente te sientes amenazada y «saltas» a defenderte, en lugar de entender (aunque lo sepas) que aún no tiene suficiente autocontrol, conectar con el porqué de su contestación y dar espacio para las emociones.

Los siguientes síntomas son generales en las personas que necesitan sanar alguna de sus heridas primarias:

- Inseguridad.
- Autoestima baja.
- Impulsividad.
- Mayor riesgo de sufrir diversos trastornos psicológicos.
- Dificultad para establecer relaciones afectivas sólidas.
- Actitud defensiva o agresiva.
- Ansiedad.
- Depresión.
- Pensamientos obsesivo.

En la relación con los hijos, normalmente el síntoma más evidente de que hay una herida por sanar es la dificultad de controlar las propias reacciones ante los conflictos, aunque se posea la información que podría ayudar a hacerlo.

Cuáles son las heridas emocionales de la infancia y cómo se manifiestan

- **La herida del abandono:** el miedo al abandono no es un temor exclusivo de quienes han sido abandonados físicamente en la infancia, pues puede ser consecuencia de un sentimiento de ausencia de compañía o protección (se puede sentir ante la llegada de un bebé a la familia o ante unos padres que no están disponibles aunque sí estén presentes —los «ahora voy», «espera» continuados y que nunca se concretan, por ejemplo—).

  Las personas que tienen una herida de abandono suelen mostrar un temor exacerbado a quedarse solas, lo que puede manifestarse en forma de dependencia emocional (hacia los propios padres, las amistades, la pareja o los hijos).

  Cuando los hijos llegan a la adolescencia y manifiestan su necesidad de tener más libertad, algunas personas con una herida de abandono pueden llegar a hacerles chantaje emocional («Te vas por ahí y te olvidas de tu familia»). Es, otra vez, el miedo a la soledad. Otras personas, en cambio, pueden llegar a no ligarse emocionalmente a los hijos por miedo a que las abandonen.

- **La herida del rechazo:** es una herida que nace del rechazo, más o menos explícito, que se ha podido recibir en la
infancia por parte de las personas cuya misión era acoger
y proteger (la madre en primer lugar, pero también otras
personas de la familia).

  Cuando un niño ha sentido que sus padres mostraban
desinterés por aquello que le gustaba, por sus sentimientos o por sus acciones, ha podido vivirlo como un rechazo
hacia su persona y terminar sintiendo que no era amado
incondicionalmente.

  Las personas que tienen miedo al rechazo, pues, se caracterizan por una baja autoestima; sienten que no merecen el amor de las otras personas y suelen aislarse para
no sentir esa herida.

  Cuando se tienen hijos adolescentes, es muy común
que la herida se manifieste en forma de pánico ante sus
críticas (y ya sabemos que los adolescentes no son nada
indulgentes con las madres y los padres) y que su reacción
emocional (ira o tristeza profunda) parezca excesiva para
la realidad vivida.

- **La herida de la humillación:** por desgracia, la educación
se ha basado durante muchos siglos en la crítica feroz.
Casi todas las personas han vivido, en su infancia, episodios de humillación causados por quienes se suponía
que tenían la tarea de cuidar y guiar (padres o maestros).

  La repetición de este tipo de conducta sobre un infante
hace que su autoestima no se pueda desarrollar de forma-

sana, por lo que se convierte en una persona dependiente y complaciente, que busca la aprobación constante de los otros. En esta búsqueda, las propias necesidades suelen quedar ignoradas.

Es una herida que se ve con mucha frecuencia en las madres, que, olvidando sus propios sentimientos y necesidades, sienten que deben adoptar determinadas actitudes para ser vistas por otras personas como «buenas madres», puesto que necesitan esa aprobación social. También se ve, asimismo, en algunas personas que repiten los patrones y educan desde la humillación, ridiculizando a sus hijos cuando no actúan conforme a lo que ellas pretenden.

- **La herida de la traición:** hay niños que se sienten continuamente traicionados por sus padres, los cuales no cumplen sus promesas con la excusa de que «se me ha olvidado» o de que «no es importante» o «no tengo tiempo». El infante se siente entonces decepcionado y así se origina la herida emocional de la traición.

  La consecuencia de la traición es el desarrollo de una personalidad basada en la desconfianza («Si no confío en alguien, entonces no me decepcionará»), pero también en la necesidad de control.

  En su maternidad o paternidad, son personas a quienes les gusta tenerlo todo bajo control, se enfadan enseguida cuando los planes no marchan según lo que han planeado y, en ocasiones, sienten satisfacción al pensar que los hijos fracasarán si rechazan su plan o su ayuda.

Para las personas heridas de traición es muy difícil dejar ir el control, por lo que suelen sentir las demandas de libertad de los hijos adolescentes como una amenaza, a la que reaccionarán con una negativa. Esto lleva a situaciones familiares difíciles de gestionar.

- **La herida de la injusticia:** la herida de la injusticia surge cuando las personas de apego han sido frías y rígidas, han puesto sus exigencias demasiado altas y han seguido un estilo de crianza autoritario. Todo ello provoca en el niño sentimientos de inutilidad, así como la sensación de que sus preferencias y opiniones no se escuchan.

   Como adultos, son personas con rigidez mental, a las que les cuesta mantener conversaciones con diferentes puntos de vista y que dan mucha importancia a las creencias y a los valores. En su rol de padres o madres de adolescentes, esta rigidez se manifiesta en la incapacidad de reconocer como válidas las opiniones de los hijos.

La presencia de estas heridas de la infancia hace que, en muchas ocasiones, incluso aunque se pretenda dar a los hijos una educación democrática, sea muy difícil cambiar la propia conducta. Por eso, cuando se profundiza en el camino hacia una crianza consciente, muchas veces es necesario parar y sanar en primer lugar las heridas propias.

Sana las heridas emocionales de tu infancia para no transmitírselas a tu adolescente

L as heridas emocionales de la infancia son esos microtraumas que, al repetirse en el tiempo, impiden en el niño un desarrollo pleno y acaban teniendo repercusiones en la edad adulta. Las heridas emocionales impiden ser quien genuinamente se ha venido a ser y, además, predisponen a repetir con los propios hijos e hijas las mismas actitudes que se vivieron de los propios padres. Sanarlas es la mejor decisión para no causarles heridas emocionales a los propios adolescentes: para frenar la cadena.

Cómo sanar las heridas emocionales de la infancia

- **Sé consciente de ellas:** el primer paso para sanar las heridas emocionales es la conciencia. Y es que solo si se es consciente de que las heridas existen y están en el propio interior va a ser posible realizar el camino necesario para curarlas.

Tus heridas emocionales no están bien curadas y por ello, cuando las aceptes, quizá sientas que vuelven a sangrar. Esta es la razón por la que muchas personas prefieren «no verlas». Pero piensa que desviar la vista no hará que desaparezcan (si fuera el caso, en todos estos años que has vivido de espaldas a ellas ya se habrían curado): muy al contrario, las heridas emocionales mal sanadas pueden generarte más dolor a largo plazo, en forma de problemas psicológicos como ansiedad, depresión, pensamientos obsesivos, problemas de sueño…

- **Ponles palabras:** tomar conciencia es el primer paso, pero debes ir un poco más allá en este «hacer visible lo invisible»: debes ahondar en la búsqueda y ponerles palabras a las heridas.

Puedes elegir hablar con una persona cercana a ti si te sientes capaz y tienes a alguien en quien confíes lo suficiente, hablar con un profesional si crees que es lo mejor para ti o, simplemente, poner tus pensamientos por escrito.

Sea como sea como lo hagas, es importante que pongas nombre a esas necesidades emocionales o físicas que tuviste y que fueron ignoradas o mal atendidas, y también a los sentimientos que esa insatisfacción generó en ti. Ponerles palabras te ayudará a legitimar esas sensaciones, a darte permiso para sentirte así: dolida, desprotegida, desatendid.

Ponerles palabras, además, te ayudará a comprender que nada de lo que sucedió e hizo que tu yo infantil esté ahora mismo herido fue culpa tuya. Si has experimentado una o varias de las heridas emocionales, es probable que de alguna manera terminaras culpándote a ti misma; es lo habitual, porque la desprotección infantil provoca sentimientos de culpa.

Así pues, solo si eres capaz de recorrer ese camino con tus ojos adultos y de ponerle las palabras justas a lo que sucedió podrás liberarte de esa culpa, un paso muy importante para sanar.

- **Permítete sentir:** ¿de quién es la culpa, entonces? Quizá hablar en términos de culpa no sea lo más adecuado, pero muy a menudo, en el proceso de indagación en las heridas emocionales de la infancia, surge un enfado con los padres, que fueron las personas que no realizaron adecuadamente su labor de protección.

Este enfado tiende a ser reprimido porque no está «socialmente aceptado». Sin embargo, la realidad es que, aunque no fuera intencionadamente, esas heridas están causadas por personas que debían haberlas evitado, así que es normal sentir enfado, y es muy sano darse permiso para ello.

¿Es necesario, entonces, hablar con los propios padres y reprocharles lo que «no hicieron bien»? Depende. Es una decisión personal y no debería estar guiada por el resentimiento, sino por qué se quiere conseguir con esa conversación.

- **Responsabilízate:** una vez que ya hayas hecho el trabajo de autoindagación, si de verdad quieres superar tus heridas, tendrás que cambiar tu respuesta y hacerte responsable no de lo que sucedió, sino de cómo quieres que sea tu vida a partir de ahora.

  El cerebro humano tiende a ahorrar energía repitiendo los patrones aprendidos, así que este compromiso deberá ser muy consciente para poder hacerse realidad: no debe ser un «voy a intentar cambiar», sino un «voy a cambiar».

  Este compromiso, además, debe ser también compasivo. No es posible comprometerse desde la autoflagelación y el castigo, pues eso solo provocaría culpa y, a la larga, soledad, y las heridas emocionales no pueden sanar si te infliges más daño.

  ¿Qué hacer, entonces? Aceptar los propios errores desde la comprensión. Entender de dónde vienen, aceptar que la solución será un camino largo y poner la vista en la satisfacción por el camino que sí que se ha recorrido hasta ahora, no en la angustia de lo que queda por recorrer.

- **Perdona:** los especialistas en heridas emocionales suelen afirmar que este camino culmina con el perdón a los padres, porque lo cierto es que te será imposible estar en paz contigo si sigues en guerra con ellos.

  Es verdad, tus padres no supieron cubrir tus necesidades emocionales, pero la realidad es que hicieron lo que podían hacer, lo que sabían hacer. No solo porque entonces no había tanta información sobre las consecuencias de una crianza autoritaria y desapegada, sino porque ellos te criaron desde sus propias heridas emocionales.

Si lo piensas así, te permitirás dejar de centrarte en lo que tú no recibiste para pasar a tener presente lo que ellos necesitaron en su infancia, y cómo tú también puedes, desde tu yo adulto, quererlos como son y como necesitan ser queridos.

Cómo evitar causarle heridas emocionales a tu adolescente

Una vez que seas consciente de tus propias heridas y las hayas sanado o estés en el proceso de hacerlo, podrás comprometerte de manera más efectiva con las heridas de tus adolescentes. Porque sí, hay una manera de educar sin causar heridas, desde la responsabilidad emocional: es la educación democrática y consciente.

Este tipo de educación combina la firmeza en la imposición de normas y límites con el respeto y el cariño, por lo que, si practicas sus principios, conseguirás prevenir las heridas emocionales:

- Atención consciente y escucha activa, que refuerzan el sentido de pertenencia y previenen la herida del abandono, pues los adolescentes se sienten escuchados y tenidos en cuenta incluso en los momentos en los que se equivocan o deben seguir normas que no les apetecen.

- Fomento de la autonomía y de la seguridad desde el respeto por sus ideas y proyectos, lo que ayuda a construir un autoconcepto ajustado. Este principio previene la herida del rechazo, ya que los adolescentes se sienten aceptados en su diversidad.

- Imposición de límites y normas con respeto y empatía, de forma que la educación se realice desde el conocimiento de las necesidades del otro y la necesidad de colaborar para vivir en sociedad, lo que evita la herida de la humillación.

- Coherencia con los propios principios y ausencia de promesas vanas, que ayudan a prevenir la herida de la traición.

- Respeto por la diversidad, tolerancia y fomento del intercambio de ideas respetuoso, de modo que cada persona sea tratada dignamente, tu adolescente construya una autoestima sana y se prevenga la herida de la injusticia.

Para llegar a educar de forma democrática y respetuosa, es necesario haber sanado previamente las propias heridas emocionales, soltar tus patrones educativos y frustraciones y sentir que de verdad eres la persona que has venido a ser.

Cómo no discutir sobre
la educación de los hijos…
cuando hay una separación

E ducar en esta era de la sobreinformación y de las
prisas no es fácil y, de hecho, las diferencias con respecto a la educación de los hijos son una de las des-
avenencias más comunes en las parejas. Si, además, hay una
separación de por medio, el conflicto está servido. Sin embargo, por el bien de los adolescentes, es necesario reducir
los conflictos con los ex.

Pero ¿es posible? Te aseguro que lo es. En realidad, solo
se trata de aplicar con tu ex los mismos principios de comunicación que aplicas con tu adolescente. No es fácil, pero
merece la pena intentarlo.

Consejos para hablar con tu ex sin discutir

En España, aproximadamente seis de cada diez matrimonios
acaban en divorcio. Por eso es importante recordar algo:
frente a las conclusiones catastrofistas de algunos estudios

antiguos, la realidad española de hoy es que los hijos e hijas de parejas divorciadas no tienen peores expectativas ni académicas ni sociales ni de ningún tipo.

De hecho, estudios recientes apuntan a que lo importante es el paradigma de conflictividad parental; es decir, que lo que afecta negativamente a los hijos son las discusiones continuas, no el divorcio en sí. Así que, con independencia de los términos del divorcio, debes evitar la conflictividad y las discusiones continuas. Aunque sea difícil. Algunos consejos para ello son los siguientes:

- **Al principio, céntrate en el bienestar emocional:** piensa que estáis viviendo una crisis (en el sentido de «transformación») y que va a haber un periodo de reajuste durante el cual lo más importante es el bienestar emocional. El de toda la familia.

  Si el divorcio se ha producido durante la adolescencia de tu hijo, no sería de extrañar que su rendimiento académico baje o que se refugie en la compañía de sus amistades. Obsérvalo bien por si alcanza un nivel preocupante, pero piensa que, en estos momentos, lo más importante no es eso, así que no le exijas el nivel académico anterior.

  Al principio, es más que suficiente con garantizar que tus adolescentes se sientan en un espacio seguro cuando están contigo, que sepan que pueden hablar y expresar sus sentimientos. Si piensas que tu ex no les está ofreciendo ese espacio de libertad, intenta llegar a un acuerdo de mínimos para esta etapa de transición.

- **Suelta el control y permítele a tu ex educar a su modo:** si tu ex te ha dejado claro que no quiere adoptar tu manera de educar, debes respetar su decisión, aunque creas que se equivoca. Tu ex tiene derecho a elegir cómo relacionarse con vuestros hijos, así que, aunque no te guste, deberás aceptar algunas situaciones.

Si intervienes cuando te parece que «lo hace mal» y esta intervención provoca una discusión, es muy fácil que tu adolescente piense que, de alguna manera, la discusión es «por su culpa». Esto, a la larga, puede terminar mermando su autoestima, y recuerda: el bienestar emocional de tus hijos es tu principal interés, siempre.

Más adelante, y si tu adolescente está de acuerdo, puedes hablarlo con tu ex. A veces, cuando nos enfadamos, no somos conscientes de los sentimientos de la otra persona, actuamos por instinto, y quizá a tu ex le sucediera eso.

Ojo, no se trata de que no protejas a tu adolescente si de verdad hay una situación que merece que intervengas (abuso, negligencia…), pero no debes «rescatarlo» de tu ex continuamente. En el otro extremo, tampoco significa que debas respaldar a tu ex en todo lo que hace. No es necesario mostrar un *frente adulto unido* contra los adolescentes, porque la educación no es una guerra.

Lo ideal, pues, sería llegar de manera conjunta a un acuerdo de mínimos, pero hay que tener en cuenta que la realidad es que sois personas diferentes y que cada uno puede tomar sus propias decisiones.

- **Evita caer en el tópico de «poli bueno, poli malo»:** de forma inconsciente, muchas familias separadas caen en este error: en una casa la educación es completamente laxista, hasta negligente, y en la otra, autoritaria y a veces abusiva.
- Pues bien: debes intentar evitar esta situación a toda costa. Y no solo porque así le mandas un mensaje contradictorio a tu adolescente, sino porque, además, ninguno de estos dos modelos de crianza es ideal.
- Si habías iniciado el camino hacia una educación democrática, el hecho de que tu ex adopte otro estilo de crianza no debería hacerte cambiar de opinión. Si sientes la tentación de hacerlo para *compensar* lo que crees que tu ex hace mal, antes párate a pensar:

  – Las razones que te llevaron a adoptar este estilo educativo.
  – Por qué estás poniendo o quitando un límite o una exigencia.
  – Cómo se siente tu adolescente con respecto a la crianza democrática.

Probablemente esta breve reflexión te ayudará a reconectar con tus valores y te mantendrá en tu decisión de educar democráticamente.

- **Sé ejemplo y emplea la comunicación no violenta:** en la medida de lo posible, deberías intentar mirar a tu ex con compasión, igual que a tus adolescentes, y procurar que tu comunicación sea no violenta.

Para ello, y sobre todo si la situación entre vosotros es un poco tensa, lo mejor es que pienses bien lo que quieres decirle y cómo, que seas breve y que vayas al grano. Sin juicios ni reproches.

Así conseguirás comunicar de manera más eficaz tus necesidades legítimas con respecto a la educación de vuestros adolescentes sin caer en una guerra de poder ni en discusiones estériles.

El espinoso asunto de la custodia

Independientemente del acuerdo de custodia (cuando la separación es de hace varios años), hay una situación que se repite a menudo con adolescentes: que quieran irse a vivir con el progenitor con quien convivían menos (normalmente, el padre), algo que suele ser un motivo de conflicto grave entre padres separados.

Sin embargo, cabe recordar que, siempre y cuando no haya ninguna situación grave, los adolescentes tienen derecho a vivir con su padre: quizá el acuerdo firmado en el momento del divorcio dice que va a vivir contigo, pero se puede modificar.

De hecho, si, en el peor de los casos, la situación termina en los tribunales, debes saber que tu hijo siempre tiene derecho a ser escuchado (la Convención sobre los Derechos del Niño así lo avala), sobre todo a partir de los doce años, y que a partir de los catorce un juez tendrá muy en cuenta sus deseos.

Eso no significa que le corresponda a tu hijo adolescente decidir con quién vivir: las decisiones importantes las toman los adultos, y así lo va a entender un juez. Sin embargo, en este caso como en muchos otros, un proceso judicial probablemente terminará por desconectarte de tu hijo adolescente, algo que sí que deberías evitar.

¿Cómo afrontar la petición de un hijo adolescente de ir a vivir con su padre?

Casi ninguna madre está preparada para este momento, y la realidad es que, como tantas cosas en la adolescencia, la única manera de afrontarlo es no tomárselo de forma personal. Que un hijo adolescente quiera irse a vivir con su padre responde muchas veces a razones evolutivas, cerebrales: a la necesidad de alejarse de lo conocido y de conocer otros espacios, otros modos de vida.

Hay muy pocas cosas que hacer en estos casos, pero son muy importantes:

- **Abre el diálogo sin sobrerreaccionar:** si la idea de irse con su padre ha surgido en un momento de conflicto (en medio de una discusión, por ejemplo), lo mejores que te tomes tu tiempo para responder; que te marches, incluso, a otra habitación si sientes que te estás enfadando. Cuando haya calma, y tu adolescente esté receptivo, será el momento de volver a sacar el tema. Es mejor no dejarlo pasar, aunque te duela, pues eso solo agravaría el problema.

Recuerda que en esta conversación vais a ser tres. Así pues, cuando lo hayas hablado con tu hijo, y si te parece que es, por su parte, una propuesta sincera, reuníos con su padre y entablad, los tres, un diálogo honesto, abierto y sin juicios.

- **Descubre las razones por las que quiere irse con su padre:** aparte de los motivos evolutivos, algunos adolescentes desean irse a vivir con su padre por diferentes razones. Estaría bien, pues, que indagaras en ellas, porque pueden darte el «diagnóstico» de tu hijo acerca de vuestra relación actual. Algunas de las razones son las siguientes:

  - Quiere reconectar con él: en ocasiones es tan sencillo como esto; tu adolescente, que está acostumbrado a ti, quiere recuperar tiempo con su padre, reconectar con él, y piensa que la solución más fácil para ello es ir a vivir a su casa.
  - Desea huir de una situación conflictiva: si los conflictos con tu adolescente son cotidianos, excesivos, quizá en el deseo de irse con su padre haya una necesidad de huir de una situación difícil. En este caso, no se trata de que renuncies a tu estilo educativo, pero sí que puedes revisar tu estilo de comunicación con tu adolescente.

– Cree que el estilo educativo de su padre es más laxo: cuando hay diferencias de criterio en la educación, algunos adolescentes creen que lo van a «pasar mejor» viviendo con quien los educa de forma menos estricta. A pesar de eso, no juzgues a tu ex, no hagas comentarios delante de tu hijo, pues la única solución a esta situación es una conversación entre los tres.

Y es que, en definitiva, la única manera de abordar este y otros conflictos es desde la comunicación asertiva. Porque lo que verdaderamente importa, al fin y al cabo, es cómo la relación entre tu ex y tú afecta al futuro de vuestros hijos.

«Tierra, trágame»: qué hacer cuando tu adolescente te pilla en una situación comprometida

«No te preocupes si tus hijos no te escuchan, te están mirando todo el tiempo» es una cita atribuida a Maria Montessori que resume muy bien cómo es educar en la adolescencia. Y es que, nadie lo duda, educar es una tarea de fondo en la que aquello que se hace es mucho más importante que lo que se dice.

Por eso, cuando un padre o una madre es sorprendido *in fraganti* en una situación en la que se está comportando de forma exactamente contraria a como le dice a su adolescente que lo haga, nunca sabe cómo reaccionar. Aquí van unas reflexiones para que, si tu adolescente te pilla en una situación comprometida, actúes de manera calmada.

Si tu adolescente te ha pillado, afróntalo

Hay situaciones y situaciones. Y no es lo mismo que tu adolescente te pille haciendo algo perfectamente lícito, aunque privado (como mantener relaciones sexuales), que algo censurable (como diciendo una mentira). Sin embargo, sí que hay un consejo general para todas estas situaciones: ni lo niegues ni lo ignores. Y es que las conductas evitativas equivalen a esconder la cabeza bajo la tierra, como los avestruces, y acaban forjando un muro entre tu adolescente y tú.

Si no quieres que eso suceda, e independientemente de la profundidad de lo que tu adolescente haya visto u oído, afróntalo y prepárate para una conversación sincera (¡y difícil!). Piensa que, en estos casos, lo mejor es ser ejemplo; es decir, hacer con tu adolescente lo mismo que querrías que hiciera él si lo pillaras tú en algo.

Seis pasos que puedes seguir si tu adolescente te descubre en una situación embarazosa

La única receta para educar es que en educación no hay recetas. Pero, si tu adolescente te descubre haciendo algo embarazoso, ten por seguro que su primera reacción va a ser el enfado.

Sin embargo, y como es obvio, su reacción a medio y largo plazo va a ser muy diferente si estabas traspasando alguna línea que si lo que estabas haciendo no falta a ninguna rega.

Y también, por supuesto, va a depender de su carácter.

Así que, sabiendo que no se trata de una receta universal, puedes intentar seguir los siguientes pasos:

- **No actúes en caliente:** en la adolescencia todo se vive de manera muy intensa. Recuerda, en este sentido, que la corteza frontal aún no ha completado su maduración, y esto hace que las reacciones emocionales no lleguen a pasar por el filtro del autocontrol.

  Así que el primer consejo, si tu hija te ha pillado en una mentira, o fumando cuando le habías dicho que no lo hacías, o ha encontrado un juguete sexual que tenías guardado, es que no hagas nada, porque lo más probable es que se marche a su habitación dando un portazo. Solo tú conoces su carácter, pero en ese momento no estaría de más que, si es posible, le recordaras, sin abrir la puerta, que estás ahí para hablar del tema cuando quiera.

  Puedes dedicar el tiempo que va a transcurrir entre lo que ha sucedido y la conversación a reflexionar. No se trata de que te culpes por haber mentido o por no haber cerrado con llave el armario, ni tampoco de que culpes a tu adolescente por escuchar o por entrar sin llamar. Se trata, en cambio, de que pienses cuáles van a ser las mejores palabras para hablar sobre ello.

- **Invítalo a decir lo que necesite:** cuando creas que las aguas se han calmado (e intenta que no haya pasado mucho tiempo: al día siguiente está bien, pero tres semanas después puede ser muy tarde), acércate a tu adolescente y discúlpate. Dile que sientes que haya visto algo íntimo, haberle mentido o haberte saltado una norma, y ábrete a sus preguntas y comentarios. Disculparse con los hijos no siempre es fácil, pero es un gran aprendizaje para ellos.

Acepta también su tono de reproche, si lo hay, cuando hayas actuado contra alguna norma. A pesar de eso, reprochar o estar enfadado no debe significar, por supuesto, que aceptes malas palabras, malos modos o violencia. Si es el caso, infórmale de tu límite («No quiero que me hables así») y pospón la conversación hasta que sea viable.

Si no quiere hablar del tema, no por eso deberías guardar silencio. Los silencios embarazosos son siempre muy malos aliados en la educación. En este caso, pues, debes ser tú quien, dejando espacios para que tu adolescente hable, lleve las riendas de la conversación.

- **No te justifiques:** justificarse es una manera sutil de negar la propia responsabilidad. Así que, si has cometido un error, como no cerrar la puerta con llave para mantener relaciones sexuales, reconócelo como tal. Porque, independientemente de que la sexualidad forme parte de una vida saludable o de que no estuvieras haciendo nada malo, lo cierto es que tu adolescente no tenía por qué verlo.

Y, desde luego, si lo que estabas haciendo tiene un punto de ilegitimidad, lo más honesto por tu parte no es que lo zanjes con un «nadie es perfecto» ni que trates a tu adolescente con condescendencia diciendo frases del tipo «Cuando crezcas lo entenderás» o «No te metas, queson cosas de adultos». A nadie le gusta verse frente a sus propias contradicciones, pero te aseguro que este tipo de frases solo aumentarán el enfado de tu adolescente. Así que, mejor que justificarte, reconoce abiertamente tu error.

- **No añadas una mentira:** tu adolescente sabe lo suficiente sobre saltarse las normas como para no dudar, cuando te pilla fumando a escondidas o saltándote el límite de velocidad, de que es muy improbable que se tratara solo de «un momento de debilidad».

Así que, a menos que sea cierto, que de verdad no te hayas dado cuenta de la limitación de velocidad o de que te hayan ofrecido un cigarrillo, esporádicamente, en una fiesta, no le digas que no sueles hacerlo. Tampoco hace falta prometerle que no lo vas a hacer más, salvo que sea esa tu intención verdadera.

La honestidad es uno de los valores más importantes en la adolescencia, por lo que si, además de descubrirte en un error, ve que estás mintiendo, vas a defraudar muchos de sus principios. Sé, por lo tanto, honesta y asume lo que ha sucedido, sin excusas. Los seres humanos somos contradictorios, y ninguna persona es perfectamente coherente con sus propios valores todo el tiempo.

- **No aproveches para darle una lección ni para reprocharle cosas del pasado:** recuerda: la persona adulta eres tú, de modo que te toca a ti mantener la compostura. Eso significa que no debes defenderte atacando.

A lo mejor hace dos semanas, tras una fiesta, tu hijo llegó tarde a casa o habiendo bebido de más. Probablemente lo hablaste con él al día siguiente, y le comunicaste tu decepción. Si hoy eres tú la que ha decepcionado a tu adolescente, no te escudes en que «tú también lo hiciste». Primero, porque quien tiene que mostrar madurez en este momento eres tú, y, segundo, porque en ese momento le estarás dando una «excusa» para poder equivocarse más tarde, y eso puede llevaros a una espiral peligrosa. Que él se equivocara es cosa del pasado. Hoy es tu turno.

- **Reflexiona sobre la coherencia que le pides y la que le ofreces**: una vez que asumes que los hijos pueden reprochar determinadas conductas a los padres, sería bueno aprovechar para reflexionar sobre el doble rasero con el que tan a menudo se educa.

¿Cómo de estricta eres con los errores de tu adolescente? ¿Y con los tuyos propios? En general, hay tres maneras de convivir con las propias contradicciones:

- Culparse por ellas, una actitud que viene de una autoexigencia de perfección, resulta frustrante y puede generar altos niveles de ansiedad.
- Aceptar que nadie es perfecto, asumir las propias contradicciones y ponerse planes a medio y largo plazo para cambiar los hábitos o costumbres propias que no terminan de satisfacernos.
- No reflexionar sobre ellas, lo que puede llevar a vivir en un autoengao.

Por supuesto, la actitud más saludable es la segunda: asumir nuestras contradicciones y trabajar en ellas. Sin embargo, a los hijos e hijas se les suele exigir que no cometan errores: la perfección. Y no es justo.

Así que, hoy que ha quedado claro que no eres perfecta (¡ni falta que hace!), puede ser un buen día para plantearte cómo tratas a tu adolescente cuando se equivoca y cómo te gustaría que te traten a ti. Porque una «pillada» también puede ser un buen momento para reforzar vuestra relación.

ADOLESCENTES, FAMILIA Y COMUNICACIÓN

Adolescentes que faltan al respeto…, ¿hay solución?

Aunque la mayoría de las adolescencias transcurren con poca conflictividad, las faltas de respeto son una de las cuestiones que más preocupan a las familias. Y es que son muy comunes en la etapa adolescente, hasta el punto de que casi nos sorprende ver adolescentes que no las cometan (en casa, en la calle o en su centro educativo).

Pero que estén generalizadas no es una excusa para no hacer, como padres o profesores, nada al respecto. ¿Cuál es, entonces, la mejor respuesta educativa para adolescentes que muestran faltas de respeto?

¿Por qué los adolescentes faltan al respeto a sus mayores?

Las faltas de respeto son, como es bien sabido, muy comunes en la adolescencia, y lo excepcional es, precisamente, que no las haya. De hecho, psicólogos especializados en la etapa adolescente, como Lisa Damour, afirman que es más preocupante un adolescente que no se rebela en absoluto que uno que sí que lo hace (dentro, claro está, de unos límites).

Las razones más comunes para las faltas de respeto adolescentes son las siguientes:

- **La inmadurez cerebral:** sí, otra vez es culpa de la corteza frontal, que aún no está desarrollada completamente y, por tanto, no es capaz de inhibir la acción de la amígdala. Los adolescentes, pues, tienen un cerebro fundamentalmente impulsivo. Esto es una ventaja evolutiva, pero en la vida social puede traducirse en comportamientos no adaptados, como las faltas de respeto.
- **El cambio de mirada hacia los adultos:** la adolescencia supone, socialmente, el fin de la relación admirativa con los padres. El adolescente está «programado» evolutivamente para marcharse de casa y, para ello, necesita poner en perspectiva todas las enseñanzas de sus padres.

    Así pues, va a buscar a otros referentes (adultos, pero también amistades), a aprender nuevas maneras de vivir la vida y, en definitiva, a formarse su propia idea de cómo es el mundo. Esto, unido a la impulsividad, puede hacer que su forma de manifestar el desacuerdo con los padres sea excesivamente pasional e incluya faltas de respeto.
- **Los factores educativos:** sí, a veces las faltas de respeto son achacables, al menos en parte, a la educación recibida.

    Si esta ha sido muy autoritaria, y los hijos sentían que no les estaba permitido expresar sus sentimientos o necesidades y que, para ser vistos y queridos, necesitaban responder punto por punto a las expectativas paternas, o también si ha sido muy laxa y los niños no han conocido exactamente los límites, es más probable que, llegada la adolescencia, haya faltas de respeto hacia los padres.

Esto es fácil de comprender: en el punto medio entre el autoritarismo y el laxismo, los hijos que han sido educados en un estilo democrático han aprendido a expresar sus necesidades desde la infancia y, por tanto, al llegar a la adolescencia suelen ser más asertivos y saben que no necesitan atacar para ser escuchados.

Sin embargo, hay que tener en cuenta que el estilo educativo democrático no garantiza, por sí mismo, que un hijo adolescente no vaya a faltar al respeto a sus padres, pero sí que suele indicar un nivel de conflictividad más bajo.

La mejor respuesta educativa ante las faltas de respeto de tu hijo adolescente

Ya se ha comentado antes: el hecho de que las faltas de respeto sean habituales en la adolescencia no significa que no se deba hacer nada al respecto. Y es que los adolescentes necesitan conocer dónde está la línea roja que no deben pasar, y, además, es nuestra responsabilidad comunicárselo, educarlos. Aunque parezca difícil, puede hacerse, de verdad, y algunas pistas que pueden ayudarte a conseguirlo son:

- **Busca el motivo de la falta de respeto:** no se trata de justificar el mal comportamiento, pero es bueno saber de dónde viene. Porque detrás de un mal comportamiento siempre hay una persona que lo está pasando mal, y encontrar la fuente de ese malestar te ayudará a intentar solucionarlo y, con ello, a reducir el conflicto.

  Quizá tu hija lleva toda la semana peleada con su mejor amiga, pero no se siente segura para manifestar ese malestar en el instituto, por lo que, cuando llega a casa, se «descarga» contigo. Quizá tu hijo esté frustrado porque ha tenido un desencuentro con su profesor, se ha sentido tratado injustamente y no se atreve a protestar.

  Este tipo de conductas, por molestas que sean, nacen de una vinculación afectiva positiva: un adolescente que manifiesta su malestar con su madre o padre lo hace porque sabe que, aunque les grite, no está poniendo su amor a prueba (cosa que no siente necesariamente así con sus amistades o con otros adultos). Así pues, busca el momento, cuando las emociones estén más calmadas, para tratar de indagar en las razones por las que está tan susceptible, y para solucionarlas si se puede.

- **Ante las faltas de respeto, mantén la calma:** es lo más importante y también lo más difícil, pero, ante cualquier conflicto con un adolescente, la palabra más importante es *calma*.

  Si tu hijo te ha faltado al respeto, si te ha insultado o te ha hablado mal, no debes dejarte llevar por el enfado: recuerda que tú sigues siendo el adulto y, por tanto, el encargado de que la situación no degenere. Si, a pesar de eso, no eres capaz de mantener la calma, entonces lo mejor que puedes hacer es marcharte. Vete a otra habitación y, cuando te hayas calmado, regresa.

- **No le faltes al respeto:** algo que habría que tener siempre presente a la hora de educar es que la actitud del adulto modela siempre la de los hijos. Siempre. Así pues, si ante una falta de respeto respondemos con otra falta de respeto (gritando, amenazando o insultando), lo que enseñamos es que esa actitud es legítima: justo lo contrario de lo que se pretende enseñar. Por eso, la prioridad es siempre volver a la calma. Morderse la lengua y esperar.

  Es lícito, por supuesto, manifestar enfado, pero siempre de la forma menos agresiva posible («Me ha molestado lo que has dicho», «Me duele que me hables así»), y solo si creemos que el adolescente está receptivo en ese momento. Si, por el contrario, crees que no será capaz de escucharte, entonces lo mejor es que no digas nada.

- **Deja la conversación para luego:** uno de los primeros aprendizajes de la maternidad y la paternidad de adolescentes, y que está directamente relacionado con los dos puntos anteriores, debería ser este: deja la conversación para luego.

  A menos que haya un problema de seguridad, que alguien esté, de algún modo, en peligro, lo mejor es que, sin evitar la conversación, la pospongas. Más adelante, cuando veas que tu hijo está en mejor disposición, y cuando a ti se te haya pasado el enfado, podrás llamar a su puerta y conversar.

Hay que entender que marcharse no es «perder» una batalla (la educación no es una guerra), sino una forma de dominar los propios sentimientos, así como la situación. Si no hay urgencia, si nadie está en peligro, entonces hay tiempo de tomarse las cosas de otro modo.

- **Dile que no vas a tolerar faltas de respeto:** posponer no es evitar. Así que, aunque es mejor no hacerlo en el mismo momento de la falta de respeto, como hemos dicho, cuando vayas a hablar con tu hijo adolescente no debes dejar de decirle que no te mereces ese trato, y que no lo vas a tolerar. No hace falta, sin embargo, amenazar ni enfadarse, pero es importante que le recuerdes el límite, aunque sepas que lo conoce, porque es importante que sea consciente de que lo ha sobrepasado.
- **Enséñale habilidades de resolución de problemas:** cuanto más entrenado esté tu hijo adolescente en la resolución de problemas, más se va a reducir la conflictividad en casa. Y es que saber enfrentarse a los problemas se traduce en menos frustración, y, cuanto menor sea la frustración, más infrecuentes van a ser las faltas de respeto.
- **Busca ayuda:** si las conductas desafiantes duran mucho tiempo y son repetidas a menudo o si simplemente crees que te cuesta lidiar con ellas, busca ayuda. En este último caso, una buena conversación con un familiar o amigo que te comprenda puede hacerte mucho bien. Si no lo tienes, también puedes buscar un profesional.

En el primero, cuando crees que la conducta está durando más de lo esperado, entonces está bien que acudas a un profesional para que te diga si la conducta entra dentro de lo esperado o si puede ser la manifestación de un problema (un trastorno desafiante, el inicio de una depresión…).

Recuerda siempre que, en la maternidad, sentir la compañía de un grupo de personas con las que se comparten valores es fundamental para afrontar las dificultades y compartir los buenos momentos.

Cuando tu hijo adolescente te dice que te odia…

En la maternidad hay hitos que son como ritos de paso: las primeras palabras de tu bebé, su primer día de colegio o de instituto y el primer día en que, adolescente que te pasa ya una cabeza pero pesa la mitad que tú, se planta delante de ti y te grita un «te odio» que le partiría el alma a cualquiera. Pero… ¿por qué me odia mi adolescente?

Aunque no te las diga, la verdad es que tiene un buen puñado de razones para estar a disgusto contigo. Y no estaría de más que te pararas a pensar sobre ellas y a ponerles remedio cuanto antes.

No, no es culpa tuya

No hay nada que hayas hecho mal: esto es lo primero que debería quedarte claro. Los conflictos de baja intensidad entre padres e hijos son normales en la adolescencia, y que una persona de quince o dieciséis años diga en un momento de gran intensidad emocional ese temido «te odio» solo significa que está muy enfadada.

Como en tantas otras cosas, si tu hijo adolescente te ha dicho que te odia, puedes pensar que sus razones se relacionan con los cambios propios de la edad que ya se han ido comentando.

La infancia pasa muy rápido, y más en esta época de prisas en la que no nos da tiempo a nada. Pero, si quieres ser tu mejor versión para acompañar a tu adolescente, debes asumirlo lo más rápido posible, adaptarte a sus nuevas necesidades y prepararte para disfrutar de esta nueva etapa.

Las razones por las que tu adolescente dice que te odia

Algo que deberíamos grabarnos a fuego en cuanto nos convertimos en personas adultas es que la insatisfacción adolescente sí que tiene motivos. Tiene, de hecho, muchísimos motivos. Claro, desde la perspectiva adulta, en la que los problemas son de otra índole (perder el trabajo, no poder pagar un préstamo, una enfermedad…), las complicaciones existenciales de la adolescencia parecen cosas de niños, pero no lo son.

Si de verdad quieres comprender a tu adolescente, debes comenzar por recordar tu propia adolescencia, conectar con la persona perdida y vulnerable que eras entonces y ver a tu adolescente desde ahí. Cuando te coloques en esa perspectiva, podrás entender mucho mejor su enfado.

¿Cuáles son, entonces, las principales razones para el enfado adolescente?

- **No le dejas hablar:** ¿cómo que no le dejo hablar? Pero ¡si no hago más que preguntarle cómo le va, qué hace aquí o allá y me contesta con bufidos! Sí, es verdad, tu adolescente no responde a tus intentos de hacerle hablar. Pero siéntate, analiza qué le preguntas y cómo y piensa con quién más te comunicas así. ¿Acaso cuando te tomas un café con una amiga la bombardeas a preguntas? Probablemente no, porque lo que solemos llamar «hablar» con nuestros adolescentes suele ser más bien un interrogatorio.

  El hábito de la conversación con nuestros hijos e hijas debe asentarse desde la infancia, cuando comparten continuamente sus intereses y sus reflexiones, así que no es de sorprender que, tras haber pasado años sin interesarnos por sus cosas, cuando lleguen a la adolescencia no nos cuenten nada. Aunque, por supuesto, esta situación se puede revertir. Así que, si quieres hablar con tu adolescente, crea la ocasión para ello. Invítalo a sentarse con su bebida favorita y sencillamente charlad, sin objetivos ni juicios. Verás que poco a poco se va abriendo a ti.

- **No haces más que criticar:** sí, eres su madre y quieres lo mejor para tu adolescente, claro que sí. Pero, créeme, no necesitas juzgar todo lo que hace. Tampoco necesitas comentar que no estás de acuerdo con sus decisiones.

  Con frecuencia le digo a mi hija que, si no va a aportar nada bueno a una persona, no le dé su opinión. Pues bien, esta misma norma aplica cuando somos madres. Si no vamos a decir nada bueno, es mejor no decir nada.

Claro, no te vas a quedar callada cuando viene con cinco suspensos después de no haber abierto un libro en toda la evaluación. ¿O quizá sí? ¿Quizá tu adolescente ya sabe lo que ha pasado y por qué y no necesita que vengas tú a repetírselo? ¿Quizá baste una mirada? ¿Quizá lo mejor sea enfocarse en soluciones?

- **Invades su espacio continuamente:** aunque no entres en su habitación sin llamar, en tu manera de relacionarte con tu adolescente es muy probable que invadas su espacio personal una y otra vez. Cuando le dices cómo vestirse o peinarse, cuando lo obligas a permanecer un tiempo determinado delante de los libros o interrumpes su concentración en algo que le interesa, estás invadiendo su espacio.

  Tu adolescente necesita separarse de ti y tomar sus propias decisiones. Así que, si tú no respetas esa necesidad, probablemente sentirá que lo tratas injustamente.

- **Le das pocas o demasiadas muestras de afecto:** los adolescentes suelen ser ariscos con sus familiares. Pero eso no significa que no necesiten el afecto. Lo necesitan porque necesitan saber que estás ahí, que en ese torbellino de cambios al que se ven sometidos sin entender muy bien lo que les pasa hay algo que no ha cambiado: el amor que su madre y su padre sienten por él.

  Demostrar afecto no es negar una muestra de cariño «porque ayer no quisiste darme un beso» ni tampoco

plantarle un beso delante de sus amistades («¡Qué ver-
güenza!»), por mucho que el curso pasado no le molesta-
ra. Demostrar afecto, en cambio, es saber estar presente,
abrazarlo cuando lo necesite y le apetezca (en privado,
casi siempre) y apartarse cuando sea necesario, aunque
dejando claro que estás ahí para cuando quiera.

- **Te enfocas en lo negativo:** «Tienes la cama sin hacer»,
«Recoge la cocina», «No vayas con esas pintas», «¿Estás segura de que has estudiado suficiente?», «Otra vez has llegado tarde», «Ay, levanta la cabeza del móvil, por favor».
¿Alguna vez has hecho la prueba de apuntar todos los
mensajes negativos que le das a tu adolescente en un día?

    Y, sin embargo, tu adolescente es una persona mara-
villosa y perfecta, que hace muchísimas cosas bien. Y necesita que se lo digas, porque aún no se quiere suficiente
como para decírselo solo, sin tu ayuda. Es más, si no se lo
dices tú, probablemente ni siquiera aprenda a decírselo él.

- **No haces el esfuerzo de saber quién es:** «No reconozco a
mi hija», dicen muchos padres y madres de adolescentes.
Y, sí, es cierto, tu hija o tu hijo ha cambiado al entrar en
la adolescencia. Pero, de la misma manera que hiciste el
esfuerzo de conocer a tu bebé, de interpretar sus señales
de hambre y sueño o de saber anticiparte a las explosiones
de tu hija pequeña, te toca hacer un trabajo de descubrimiento de tu adolescente. Quizá te parecía más fácil en la
infancia, pero el vínculo que tienes con tu adolescente es
sagrado, y merece la pena que vuelvas a hacer un esfuerzo.

Cómo responder a un adolescente
que dice que te odia

Ya ha quedado claro: ese supuesto *odio* adolescente está muy relacionado con su etapa de desarrollo cerebral. Podrías, pues, y eso hacen muchos padres y madres, sentarte a esperar que se acabe, pero esta no es la mejor opción. Porque hoy estás sembrando las semillas de vuestra relación de mañana, cuando tu adolescente sea una persona adulta que haga y deshaga a su antojo en su vida.

La otra opción es más difícil a corto plazo, pero da mejores frutos. Consiste en ayudar a tu adolescente a encontrar su propia vía, aceptando sus sentimientos, trabajando vuestra conexión, valorando todo lo que tiene de bueno, que seguro que es mucho.

Comunícate con tu adolescente, ayúdalo a superar sus dificultades, apóyalo para que trabaje su autoestima, y verás cómo, escondida tras la cerrazón y la negativa, detrás de ese «te odio» que arrastraba una gran frustración, había una persona maravillosa.

Cómo mejorar la comunicación
con los adolescentes

Jurarías que el adolescente que entra por la puerta después del instituto es el mismo niño o niña que hace muy poco no paraba de hablar; sin embargo, ahora se encierra en su habitación y no dice ni una palabra. Con sus amigos sigue siendo la misma persona dicharachera y habladora, pero en casa la norma es el silencio.

Y, si le hablas tú, tampoco es mejor: asiente de forma mecánica, sin mirarte a los ojos, y a la hora de la verdad hace exactamente lo contrario de lo que le estabas diciendo. ¿Te estaba escuchando? A lo mejor sí, aunque probablemente no.

Puede resultar difícil de creer, pero los problemas de comunicación con adolescentes tienen sus razones: algunas son evolutivas y otras, culturales. Una razón evolutiva: los adolescentes no escuchan a los padres porque su cerebro está más atento a la novedad que a «lo de siempre». Y una razón social: los adolescentes no escuchan ni hablan a los padres porque determinados hábitos comunicativos hacen que no los consideren interlocutores válidos.

Lo primero, obviamente, no se puede cambiar. Forma parte del programa de madurez que ha emprendido el cerebro de cada adolescente. Pero lo segundo sí: porque, al cambiar algunas costumbres, puedes conseguir mejorar la comunicación con tu hijo o hija adolescente. Aquí van algunas pautas.

¿Por qué los padres no son interlocutores válidos para los adolescentes?

Para cambiar un patrón de conducta hay que comprender, primero, las razones que lo motivan. Lo que conviene hacer aquí es, sin asomo de culpa, un ejercicio de introspección: ¿cómo ha sido la comunicación en la familia hasta ahora? ¿Ha sentido tu hijo adolescente, cuando era niño, que sus pensamientos y opiniones se respetaban y validaban?

En la educación tradicional, la comunicación padres-hijos es unidireccional y autoritaria, y por eso se rompe al llegar a la adolescencia. Los adolescentes tienen sus razones, y algunas de ellas son estas:

- **Le parece que vas a juzgarle:** a veces, las «conversaciones» con los hijos adolescentes son así: «Deberías haber estudiado más», «Ya te dije yo que no te juntaras con esos chicos», «Mira, lo mejor es que vayas y le digas que...». El problema es que los adolescentes que están acostumbrados a este patrón comunicativo suelen evitar las conversaciones con los padres, «por si acaso». Así pues, para ser la persona a la que tu hijo llame si un día comete un error grave, debes ser también la que escuche sus pequeños problemas. Sin juicios.

- **Siente que lo interrogas:** esta escena se repite a diario en miles de hogares en todo el planeta. Un adolescente entra en casa con cara de pocos amigos y recibe una salva de preguntas: «¿Qué tal te ha ido el examen?», «¿Os han dado el papel de la excursión?», «¿Cuándo son las evaluaciones?», «¿Tienes la lista de libros del próximo trimestre?». Sin embargo, esto no es una conversación: es un interrogatorio. En una conversación, el intercambio va en los dos sentidos (sí, tú también puedes confiarte a tu adolescente en la medida en que sea capaz de entender tus inquietudes) y los temas giran en torno a los intereses de las personas implicadas. Si no lo haces así, seguramente tu adolescente tendrá muy pocas ganas de hablarte.

- **Piensa que lo controlas:** ¿te has preguntado por qué razón necesitas conocer al detalle todo lo que sucede en la vida de tus hijos? A veces, el límite entre tu necesidad de control y la maternidad responsable es muy fino, y preguntamos por nuestro propio bienestar más que por el suyo.

No te lo tomes como algo personal si prefiere hablar con otros adultos (recuerda que necesita otros referentes), como una prima mayor o un amigo de la familia. Si sabes que tu adolescente confía en ellos, alimenta esa relación, pues serán mejor guía que otro adolescente.

- Teme tu indiscreción: los problemas de los niños y adolescentes pueden parecer pequeños comparados con los de los adultos, pero para ellos son tan importantes como para ti los tuyos, de modo que no debes minimizarlos.

  Debes entender, en consecuencia, que, cuando tu adolescente te confía algo y tú se lo cuentas a otra persona, traicionas su confianza. Y es probable que no tenga ganas de volver a contarte nada. Es cierto, sin embargo, que, si hay un problema grave, debes comunicarlo (a otros padres, a los profesores o a quien corresponda), pero eso tu adolescente ya lo sabe, así que podéis poneros de acuerdo sobre la manera de informar a quien sea necesario.

Claves para comunicarse con adolescentes

Estos patrones comunicativos pueden modificarse, pero para ello es necesario un cambio de actitud que podríamos resumir así: ve a la charla con tu adolescente como vas a la charla con tu mejor amiga. Es decir, sin más expectativa que pasar un rato agradable. Esto, que quizá parece muy difícil, se puede conseguir siguiendo algunos consejos:

- **Intenta no luchar todas las batallas:** tu adolescente está comenzando a tener criterio propio, así que respétalo todo lo que puedas, tanto su criterio como sus errores. Eso no significa que no te intereses por lo que hace, sino que seas capaz de dejar tu opinión a un lado cuando no se trata de algo realmente importante. ¿Y cuáles son los temas que de verdad importan? Son aquellos que tienen que ver con su seguridad personal y con la de otras personas.

Por supuesto, en los asuntos muy importantes habrá unos límites familiares que esperas que tu adolescente respete, pero la realidad es que no puedes controlar lo que hace todo el tiempo; además, a medio y largo plazo, tu objetivo no es que respete tus límites, sino que tenga una actitud sana ante la vida. Y es ahí donde interviene tu capacidad para convencer, mucho más que para vigilar.

- **Escucha, escucha, escucha:** cuando tu hijo adolescente venga a hablarte, escúchalo siempre. Valida sus ideas y emociones, ayúdalo a profundizar en ellas, responde a sus preguntas, dale tu opinión solo cuando te la pida y nunca nunca juzgues ni lo que piensa, ni lo que siente ni a las personas a las que quiere. Procura, pues, que la manera de escuchar a tu hijo o hija le haga sentir que lo más importante del mundo para ti es su bienestar, porque lo es.

- **Hazle entender que es un interlocutor inteligente:** uno de los hitos neurológicos en la adolescencia es que se alcanza el pensamiento abstracto, lo que significa que tu adolescente estará preparado para entender explicaciones científicas y morales, y para rebatirlas.

La evidencia científica dice, por ejemplo, que, cuando las chicas han conocido de primera mano experiencias de madres adolescentes, la proporción de embarazos adolescentes y de abortos desciende, lo que significa que practican sexo de forma más segura, y esto se puede aplicar a muchos otros ámbitos.

Así que infórmate bien y, cuando hables con tu adolescente, enfócate en los riesgos de determinadas conductas (el efecto de las drogas en su cerebro, las consecuencias a medio plazo de la privación de sueño por ir a la cama con las pantallas, los peligros de conducir a gran velocidad...). Cuanto más objetiva sea la información, mejor.

- **Comienza la conversación lo antes posible:** no se trata de que le hables a tu hija de cinco años de los peligros de las drogas, pero presta atención e intenta *tirar del hilo* lo más que puedas de los asuntos realmente importantes. Por ejemplo, el peso ya forma parte de las conversaciones de las niñas en Primaria, por lo que no deberías dejar escapar ni una oportunidad para decirle a tu hija (¡sin moralinas!) cómo crees que debe cuidar su cuerpo y la importancia de tener buena salud.

   Según vayan pasando los años, podrás ir concretando algunos asuntos, e incluso llevar a tu hija a un nutricionista para que tenga la información de la mano de profesionales (a quienes les prestará, seguramente, más atención que a ti). Pero no esperes a que lleguen los años más difíciles para hablar. Hazlo en cuanto tengas la oportunidad.

- **Ten expectativas muy realistas:** hay algunos asuntos que, te gusten o no, existen en el mundo adolescente (el sexo, las drogas, los riesgos); si no lo asumes, no solo las conversaciones no serán realistas, es que, además, le estarás dejando sin salida, porque solo podrá hacer dos cosas: abandonar su vida social o mentirte (y créeme que la mayoría elige la segunda opción).

Imagina, por ejemplo, que tu expectativa es que tu adolescente no vaya a bares, pero te ha engañado, ha ido a uno y ahora la persona que lo ha llevado en coche está bebida. Probablemente prefieres que te llame a que se suba en el coche con alguien bebido, pero, si te ha estado mintiendo, es muy improbable que tome la opción correcta: lo has dejado sin salida.

• **Sé un modelo:** decía Maria Montessori que los hijos puede que no escuchen a sus padres, pero los miran todo el rato, así que la mejor manera de educar es siendo un modelo para ellos: no bebas en exceso si quieres que no beban, deja el móvil en el salón por la noche si quieres que duerman, no excedas el límite de velocidad si quieres que lo respeten... Se trata, nada más y nada menos, de ser consecuente con los valores que estás tratando de inculcarle.

Peleas entre hermanos adolescentes: cómo acabar con ellas

Las peleas entre hermanos adolescentes están a la orden del día en muchas familias; son, de hecho, uno de los principales motivos de preocupación de los padres. Los conflictos (hay que recordar que *conflicto* significa, simplemente, «oposición») entre personas que conviven, o que pasan mucho tiempo juntas, son perfectamente normales, pues el acuerdo constante es imposible.

Entre hermanos, los desacuerdos son más normales aún, pues hay que tener en cuenta que compiten por los mismos recursos: los recursos materiales comunes (espacio en el sofá, tiempo en el baño, objetos de ocio como la consola) y la atención de los padres. Eso no significa, claro está, que como padres sea lícito, simplemente, lavarse las manos y dejar su gestión en manos de los adolescentes. De hecho, si en casa suele haber insultos y peleas, es porque los adolescentes aún son incapaces de gestionar sus conflictos por sí mismos (su cerebro en construcción es aún demasiado emocional para ello), por lo que dejarlos que los resuelvan equivale en la práctica a condenarlos a la pelea continua.

El trabajo de los padres es, pues, doble: en primer lugar, un trabajo proactivo para intentar evitar que los conflictos se conviertan en peleas y, además, un trabajo reactivo muy cuidado para que cada intervención adulta sea verdaderamente educativa, un avance en el aprendizaje de la gestión de conflictos.

¿Es normal que mis hijos adolescentes tengan conflictos?

Rotundamente, sí. Los conflictos entre hermanos suelen llegar a su punto álgido al inicio de la adolescencia, cuando empieza el proceso de individuación, que suele provocar que cada hermano o hermana se busque un nuevo lugar en la familia, muy a menudo por oposición a lo que percibe en otros miembros. Así, es normal que los conflictos se agudicen o que aparezcan si antes apenas existían.

Si los conflictos se han resuelto de forma positiva, más adelante se aprecian y reconocen como iguales, y tienden a apoyarse más entre ellos. Sin embargo, si el conflicto adolescente no termina de resolverse bien, entonces esto puede determinar que, a partir de ese momento (e independientemente de cómo haya sido en la infancia), la relación entre los hermanos sea mala o inexistente.

Por otro lado, la calidad de las relaciones familiares en la adolescencia es un factor predictivo del bienestar psicológico del adolescente, y este, a su vez, actúa como protector frente a problemas como la ansiedad, la depresión, el abuso de sustancias... Si los adolescentes perciben calidad en las relaciones de la familia (esto es, en la relación con sus padres y sus hermanos), esto evitará que, ante un conflicto, se dé una escalada rápida; antes bien, existirá buena disposición para resolverlo.

Cómo prevenir las peleas entre hijos adolescentes

En lo que respecta a los conflictos, como en muchos otros problemas educativos, lo más importante es la prevención y no la reacción cuando el problema ya está ahí.

Ha quedado claro que sí, que va a haber conflictos, pero hay un trabajo que es posible hacer para evitar que las disensiones generen siempre peleas. Y algunos consejos que pueden ayudar son los siguientes:

- **Trata a tus hijos con justicia y equidad:** no es sencillo: no hay mayor injusticia que tratar a todos los hijos por igual (pues hay que tratarlos según las necesidades), pero, por otro lado, es necesario garantizar una cierta igualdad, ya que todos tus hijos son miembros de una misma familia.

  Una buena manera de conseguirlo es procurar que los privilegios estén bien distribuidos, aunque sean diferentes: quizá el hermano mayor puede salir hasta más tarde, pero entonces el menor tendrá más tiempo de pantallas el fin de semana, por ejemplo.

- **Establece reglas para los conflictos:** por supuesto, estas reglas deberían descartar siempre el abuso físico, pero también el verbal y todas las líneas rojas que te parezcan necesarias. Solo tú sabes cuáles son, en tu familia, los límites verdaderamente importantes.

- **Modela las reglas:** de nada sirve decirles a tus adolescentes que no griten... gritando. Del mismo modo, en los conflictos con tu pareja, si la tienes, con otros miembros de la familia o con tus amistades también deberías tener cuidado de respetar las reglas. Recuerda que educas todo el tiempo, sobre todo cuando crees que tus hijos no te miran.

- **No los compares:** tus hijos son diferentes, por suerte. Así pues, procura reconocer y alabar esas diferencias sin hacer de ellas un «mejor» o «peor». Es cierto que muchas veces tenemos más afinidad con las elecciones de uno de nuestros hijos, y no pasa nada, pero los otros no deberían sentir que los dejas de lado por esa razón.

- **Deja claras las normas de uso de los espacios y de los objetos compartidos:** hazlo, sobre todo, con aquello que cause más controversia. A veces es necesario, al establecer nuevas reglas, comenzar con una disciplina muy rigurosa, sin excepciones, para después, cuando ya se haya interiorizado una dinámica, ir dejándoles gestionar sus diferencias. No dudes, pues, en ser estricta en este sentido.

- **Dales tiempo en exclusiva, incluso si lo rehúyen:** para los niños muy pequeños, el mejor momento del juego del escondite es aquel en que son encontrados. A los adolescentes les pasa un poco lo mismo: nos dicen continuamente que no nos necesitan, pero están deseando que vayamos a hablar con ellos. Y esto es verdad también para los hijos «ariscos»: necesitan tu cariño exclusivo, pero no saben cómo pedírtelo. Dáselo tanto como puedas: que no duden que lo tendrán siempre.

* **Fomenta las aficiones compartidas:** si tus hijos comparten alguna afición, el cine, los juegos de mesa, las salidas en bicicleta, la consola…, intenta que cada semana haya un rato para cultivarla. Esto los ayudará a verse como compañeros y no como rivales.

¿Cómo intervenir en las peleas adolescentes?

Ante las peleas de hermanos, las teorías educativas podrían dividirse en tres: las que aconsejan dejarlos hacer y llegar a soluciones por sí solos, las que prefieren que los padres intervengan y «corten» la disputa y las intermedias, que proponen la mediación adulta como una manera de enseñarlos a resolver sus problemas.

Por supuesto, la última metodología es la que se corresponde con el estilo parental democrático, aquel en el que los padres, desde la presencia, van dando a los hijos espacios de libertad según sus necesidades y capacidad. Esto, pues, implica intervenir en las peleas adolescentes, pero siempre desde la comprensión y el respeto a sus diferencias, evitando posicionarte y resolver la situación. Pero ¿cómo hacerlo?

- **Mantén la calma:** es muy cansado ver a tus adolescentes discutir a diario, sí. Pero, si tu intervención es necesaria, debes intentar relajarte y recordarte que estás invirtiendo en su futuro. Si no eres capaz de calmarte en ese momento, plantéate si la no intervención puede ser posible (si no hay peligro, por ejemplo, quizá no pase nada por dejarlos discutir).

- **No busques culpables:** aunque hayas estado presente desde el inicio del conflicto, intenta aplicar la máxima de que «dos no discuten si uno no quiere»; puede que tengas muy claro que hay un culpable, pero de lo que se trata ahora es de encontrar una solución. Cuando las aguas se hayan calmado, entonces puedes decirles que no te ha gustado tal o cual cosa que han hecho o dicho.

- **Ayúdalos a encontrar una solución, pero sin imponerla:** si no son capaces de encontrar una salida, puedes sugerir alguna, pero nunca imponerla como si fueras un juez. En ocasiones, tu simple sugerencia les hará pensar en otra solución, y casi siempre verán mejor aquella a la que lleguen por sí mismos, aunque a ti te parezca injusta.

- **Respeta la solución que hayan encontrado:** si te parece que uno de tus hijos siempre sale perdiendo, busca otro momento, explícale lo que has observado, pregúntale cómo se siente por ello y hazle saber que no debe ceder siempre. Hay personas que prefieren ceder, elegir sus batallas, y está bien siempre y cuando tenga claro su derecho a reivindicarse cuando le parezca necesario.

Un recordatorio: enseñarles a gestionar los conflictos no va a acabar con ellos

No. Los conflictos entre tus hijos durarán toda la vida. Y las peleas, probablemente, hasta el final de la adolescencia. Así pues, enseñar a tus hijos adolescentes a gestionar conflictos es plantar una semilla que tardará en germinar, pero cuyo fruto es impagable: preservarás la relación entre hermanos y les darás una gran oportunidad para llevarse bien en la edad adulta. Además, es infinitamente más sencillo aprender a gestionar conflictos en un entorno seguro, el familiar, que fuera de casa: es, también, un aprendizaje que les entregas.

Si, además, perciben que en la resolución de conflictos los tratas con justicia y respetas sus diferencias y sus opiniones, esto redundará en una mejor relación contigo y entre ellos, y en un mejor ambiente general en la casa.

Ya verás que, si eres capaz de aplicar estas máximas, irás construyendo, poco a poco, un lugar en el que disfrutar de la adolescencia de tus hijos.

¿Cómo gestionar a un adolescente mayor de edad?

L a mayoría de edad es un hito que se espera con emoción. Conducir, beber, fumar, votar: muchos son los verbos que pueden empezar a conjugarse como por arte de magia al llegar a los dieciocho años. Pero la realidad es que, en España, la independencia real no llega hasta mucho más tarde (el 55 % de jóvenes de veinticinco a veintinueve años vive en la casa familiar, según la última *Encuesta continua de hogares* del INE).

A pesar de ello, un cierto número de adolescentes se cree con derecho de hacer su vida libremente, aunque vivan en la casa familiar, sin consultar a nadie ni pensar en las consecuencias a largo plazo. Poner límites en la infancia y en la primera adolescencia, cuando sabemos que es nuestra obligación y estamos en nuestro derecho, no es fácil, pero ¿cómo gestionar a nuestros adolescentes una vez alcanzada la edad ad?ulta?

La mayoría de edad es un espejismo

La realidad es que la adolescencia, como edad cerebral, no se termina con la mayoría de edad legal. Como ya se ha dicho, el cerebro se sigue desarrollando hasta aproximadamente los veinticinco años, así que a los dieciocho la corteza frontal aún no está del todo madura, y el control de las funciones ejecutivas y los impulsos sigue sin ser el de una persona, digamos, cerebralmente adulta. A pesar de eso, lo cierto es que a esta edad lo más probable es que tu adolescente haya entrado, o esté a punto de hacerlo, en la llamada «adolescencia tardía», que es un momento de mucha menos impulsividad y conflictividad.

Por otro lado, la idea de que las funciones parentales acaban a los dieciocho años no está del todo ajustada desde el punto de vista legal. Sí que es cierto que la patria potestad, el conjunto de derechos y obligaciones de los padres en relación con la integridad física y psicológica de los hijos y con sus bienes, termina con la mayoría de edad, pero no lo hace la obligación de proveer para los hijos si estos no tienen independencia económica. Esto viene a decir que, en principio, en España no se puede poner en la calle a un hijo o hija que no es independiente, aunque sea mayor de edad.

Así las cosas, la mayoría de edad es un hito (uno más) en las relaciones familiares, que necesitarán un reajuste: un paso atrás paterno, que en muchas ocasiones entraña un duelo por una etapa familiar que se cierra, y un paso adelante en la autonomía de los hijos e hijas, que deben asumir que la vida en comunidad requiere una serie de esfuerzos.

Reajustando la familia
con la mayoría de edad de los hijos

La mayoría de edad suele dar inicio a una etapa en la que los hijos e hijas tienen más libertad. En muchas ocasiones han cerrado un ciclo de estudios (bachillerato o ciclos de grado medio) y, ya estén buscando trabajo o sigan estudiando, la presencia adulta a su lado deberá ser cada vez menor. Se trata, pues, de ir soltándoles la mano y dándoles responsabilidades dentro y fuera del hogar para que la transición hacia el mundo adulto sea lo más real posible.

Sin embargo, no es fácil, porque, si se equivocan ahora, las consecuencias serán muy diferentes, y en ocasiones más duraderas, que las de una equivocación hace unos años: si tu hijo, tras un cuatrimestre, decide dejar los estudios, la repercusión de esta decisión será mayor que cuando con siete años dejó el fútbol, pero deberás aceptarla.

Muchos padres y madres transitan esta etapa como un duelo, sintiendo que ya no son necesarios, y a veces se aferran al control que tuvieron sobre sus hijos en otras etapas y establecen límites y obligaciones que no corresponden para los jóvenes adultos que son sus hijos ahora. Piensan que así los protegen de los peligros y las decepciones de la vida adulta, pero, aunque la preocupación es entendible, acaban perjudicando a unos jóvenes que necesitan mayores dosis de libertad.

Como dice Tess Brigham, una vez que tus hijos llegan a la mayoría de edad, debes dejar de ser el CEO de sus vidas?

y empezar a asumir el rol de consultor: dales a entender que estás ahí, que siempre vas a estarlo, y que tu opinión, más experimentada, puede ayudarlos. Pero no pretendas obligar a tu adolescente mayor de edad a tomar las decisiones que te parecen mejores, porque solo conseguirás alejarlo de ti. Ahora más que nunca, debes dejarlo vivir su vida, apoyar sus decisiones, cuidar el vínculo y disfrutar de la compañía de la persona adulta en que se ha convertido.

Los conflictos con adolescentes mayores de edad

Los conflictos intergeneracionales no desaparecen por arte de magia la noche en que los hijos cumplen dieciocho años; de hecho, suelen acompañarnos en todas las etapas de nuestras vidas.

Cuando los hijos llegan a la mayoría de edad, aún quedan unos cuantos años de convivencia. Y los estudios son claros: cuanto mayor es el tiempo de convivencia, más se van a prolongar los conflictos. Y, a veces, con los dieciocho llega un argumento que consideran inapelable: el «soy mayor de edad y hago lo que quiero», al que los padres no saben muy bien cómo responder (aparte del clásico «en mi casa se hace lo que yo diga», que solo sirve para escalar el enfrentamiento).

Pero... ¿por qué hay tantos hijos mayores de edad que esgrimen ese argumento? La causa de este nuevo argumento suele ser que el acercamiento a los conflictos no ha sido, hasta entonces, satisfactorio para ambas partes. Los hijos no se han sentido escuchados y ahora quieren imponer sus supuestos derechos. Y, aunque lo mejor habría sido trabajar desde años antes en otra manera de resolver los conflictos, nunca es tarde para hacerlo.

Dan Dana, fundador del Mediator Training Institute, habla de tres estrategias en la resolución de conflictos:

- **Estrategia de control,** que siempre deja ganadores y perdedores. Es lo que sucede cuando, ante una «insurrección», los padres amenazan a los hijos con «cortar» los recursos materiales (dejar de pagar el móvil, por ejemplo).
- **Estrategia de derechos,** que aparece cuando una parte se ha sentido tratada injustamente. Sería el «ahora puedo porque soy mayor de edad», pero también el «en esta casa mando yo». Esta estrategia también deja mucho malestar, una asimetría de ganadores y perdedores.
- **Búsqueda del interés mutuo,** que es mucho más interesante que la demostración de poder o de derechos. Se centra en encontrar una solución que beneficie a ambas partes; de este modo, no hay ganadores ni perdedores y todo el mundo siente que sus sentimientos se han escuchado y respetado.

Cuando la familia se enfoca en una estrategia de interés mutuo, se está considerando el vínculo y la integridad de cada persona por encima de todo. Esto siempre mejora ?

el ambiente: nadie sale herido, por lo que en el siguiente conflicto es más fácil enfocarse de nuevo en una solución satisfactoria para todos.

Date tiempo, porque no se consigue de un día para otro, pero ten por seguro que esta estrategia da resultados. Una persona que se siente mirada y escuchada, que siente su pertenencia a un grupo, tenderá a buscar el interés grupal. Está en nuestra naturaleza.

Prevenir los conflictos con adolescentes mayores de edad: los derechos y la vida en comunidad

Por supuesto, esta estrategia de resolución de conflictos no significa que no tengas derechos ni expectativas sobre tus hijos adultos que viven en tu casa. Lo que sí que deberías considerar es quién obtiene beneficios, y quién sale perjudicado, cuando ejerces esos derechos de manera unilateral. Y si esa situación compensa a largo plazo.

Imagina el caso de un hijo que no colabora en el hogar porque, según dice, está muy ocupado yendo al gimnasio. Podrías dejar de pagarle el gimnasio para que tuviera tiempo, pero ¿quién saldría beneficiado? Probablemente te interese más trabajar desde otra perspectiva, creando una idea de comunidad en la que tu hijo o hija entienda que su contribución sirve al bien común.

Sin embargo, no esperes que tu joven adulto, que tiene muchas ganas de «quemar» su mayoría de edad y pocas de asumir responsabilidades, lo entienda sin más y sin que se lo expliques. Te aconsejo, pues, que:

- Escuches sus necesidades y expongas las tuyas.
- Dejes muy claros los derechos y las obligaciones de cada uno.
- Busquéis una división de tareas del hogar que sea equitativa.
- Interfieras lo mínimo posible en sus obligaciones.
- Asumas que no puedes controlarlo todo.
- Cuando no cumpla, no acuses: pregunta desde la empatía.
- Sigas haciéndole saber que lo quieres, a diario, aunque parezca que no te escucha.

Los dieciocho años son una edad de tránsito, una más, pero marcan un momento importante en la vida de tu hijo o hija. En consecuencia, no dejes de reconocer y apoyar sus avances en el camino hacia la edad adulta; recuerda que, si confías en que tu hijo es una persona responsable, es más que probable que se convierta en una.

¿Qué puedo hacer si mi adolescente va con malas compañías?

Un educador que trabaja con adolescentes que tienen problemas preguntó a un grupo de jóvenes qué consejo les darían a las madres y padres que se preocupan por las amistades de sus adolescentes para ayudarlos. Nadie supo qué contestar, aunque en otros temas fueron capaces de dar muy buenos consejos. ¿La ironía? Todos los chicos y chicas de ese grupo estaban de acuerdo en que sus problemas «habían comenzado por culpa de sus amistades». ¿Entonces? ¿Significa esto que no puedes hacer nada si tu adolescente va con malas compañías?

¿Cuánto influyen las amistades en la adolescencia?

Ya ha quedado claro que, en la adolescencia, el grupo de pares es fundamental, pues contribuye a redefinir y afianzar los vínculos sociales a la vez que ofrece un marco donde desarrollar la propia estabilidad psicoafectiva. Además, en la adolescencia la percepción del riesgo es baja y el deseo de experimentación, alto. Son dos de las características más llamativas (y con peor fama) del cerebro adolescente.

Así, en la adolescencia coincide la experimentación con los límites y la búsqueda de la integración en el grupo de pares. Sin embargo, no se ha demostrado que las *malas compañías* tengan un efecto tan grande como el que se les presupone.

Se sabe que, para que una persona influya en el comportamiento de otra, es necesario que exista afecto. Pero no está tan claro que en los grupos *desviados* (las *malas amistades*) exista afecto suficiente para provocar un cambio en el comportamiento, pues estos grupos suelen presentar mucha conflictividad, competitividad e incluso violencia. De hecho, ciertos estudios concluyen que la influencia del grupo solo se demuestra en el comportamiento positivo, no en el negativo.

Es decir: aunque a veces parezca así, es posible que el juntarse con *amistades peligrosas* no sea, en el fondo, la causa de un comportamiento altamente disruptivo (e incluso delictivo).

Desliando la madeja: ¿por qué va con esas amistades destructivas?

La relación que en la adolescencia se establece con las personas del grupo de iguales está directamente relacionada con la relación que se ha vivido en el entorno familiar: cuando en la familia hay ausencia de vinculación afectiva y los conflictos se rehúyen o se viven de modo agresivo, es más fácil que, en los conflictos entre iguales, el adolescente prefiera estrategias de violencia emocional y física.

De todos modos, la ausencia de vinculación afectiva no significa, en ningún caso, ausencia de amor. Más bien se relaciona con una percepción: «¿Cómo me siento yo en mi familia? ¿Se me escucha, se me respeta, se aceptan mis iniciativas y mis equivocaciones? ¿O siento que se me ningunea, se me imponen opciones, que mis errores son motivo de conflicto?».

El afecto familiar y el del grupo de iguales ayudan a la construcción de una autoestima sana y a prevenir problemas psicológicos. Pero lo contrario también es cierto: a menor autoestima, mayor es la probabilidad de que un adolescente se relacione con un grupo cuya conducta sea *desviada*. Así pues, si tu adolescente se junta con malas amistades, pregúntate, sin culpas, por su autoestima y por vuestras relaciones familiares, e intenta cambiar algunas dinámicas.

Qué hacer si crees que tu adolescente va con malas amistades

El problema es, pues, más profundo que solo las amistades. Pero, si ciertos amigos de tu adolescente no te gustan, puedes intentar enfrentarte a ello siguiendo los siguientes consejos:

- **Pregúntate primero si son tan malas esas amistades:** en la adolescencia, siempre hay que intentar distinguir entre lo que es habitual aunque no nos guste (llegar tarde algún día, probar el alcohol, tener peores resultados en los estudios) y lo que es indicador de un problema (volver sistemáticamente de madrugada, emborracharse a menudo, abandonar completamente los estudios). En el segundo caso, lo mejor es que busques ayuda profesional. Y, si tienes dudas, habla con otras personas adultas que vean habitualmente a tu adolescente.

  También puedes invitar a sus amistades a casa. Así, podrás conocer con quién se relaciona tu adolescente y descubrir si se trata de personas realmente problemáticas o solo de jóvenes que tratan de saber quiénes son.

- **Mantén tus puentes siempre abiertos:** si hay tensión en casa, incomunicación y gritos a menudo, es posible que tu adolescente sienta que tu amor está condicionado (condicionado a que haga lo que tú deseas y sea como a ti te gustaría). Y esa desconexión puede impedir que se confíe a ti cuando tenga dudas o cometa un error.

  Así pues, tu adolescente debe saber que no hay límites en lo que te puede contar (si no habla contigo sobre drogas, alcohol o sexo, lo hará con alguien de su edad que minimizará los riesgos) y que no vas a juzgarlo. Aunque debe quedar claro que no juzgar no significa que no deba aceptar las consecuencias, incluso legales, llegado el caso, de sus acciones: significa que, independientemente de su comportamiento, tú vas a estar ahí acompañándolo.

- **Deja claras cuáles son las reglas rojas:** la pedagoga Anna Tardos señala que las reglas no son una cuestión de disciplina, sino de socialización. Por ello, no todas deben ser sentidas como igual de importantes: hay algunas, unas pocas, las que ella llama *reglas rojas*, que no se deberían traspasar (atentar contra la integridad propia o de otras personas).

  Las demás reglas tienen que ver con la socialización y con las expectativas y valores de cada familia. Son, desde luego, un ideal educativo y hay que transmitirlas, pero con menos intensidad que las rojas. Muchas de ellas podrán negociarse y modificarse, y, al hacerlo, no solo no estarás mostrando debilidad, sino que tu flexibilidad te hará ganar autoridad como líder.

  Si tu hijo o hija adolescente sabe que hay pocas reglas que debe respetar sin dudar, sentirá menos presión y probablemente será más capaz de resistirse a determinadas actitudes de su grupo de iguales que si siente que todo, desde no comer patatas fritas hasta no drogarse, es una imposición inamovible.

- **Nunca le digas que no te gustan sus amistades:** puede que te sientas en la obligación de hablar con tu hija o hijo sobre esas compañías que no te gustan. Hazlo si lo crees necesario, pero nunca nunca le digas nada negativo sobre esas personas con las que se identifica. Déjale claro, en cambio, que son los comportamientos, no las personas, lo que no te gusta. Reflexionad sobre las consecuencias que podrían tener sus actos y explícale que, aunque no participe activamente en ellos (que es la excusa que a veces ponen), si presencia sin denunciar acciones contrarias al orden social también es responsable de lo que ocurra.

- **No le prohíbas salir con esa gente:** la prohibición despierta el deseo. Siempre. Es más: en este caso, es probable que sea el origen de una mentira. Tu adolescente no dejará de salir con esas amistades, así que probablemente te engañará.

Atrás quedaron los años durante los cuales que no viera a determinados niños que no te gustaban era tan fácil como que tú no quedaras con sus padres: ya no puedes controlar su vida social. Por esa razón es tan importante la educación y que mantengas un vínculo fuerte con tu adolescente: porque ese el único camino para guiarlo en la elección de sus amistades.

Ten por seguro que, si te mantienes como un referente, si sabes combinar autoridad y flexibilidad y das prioridad al vínculo emocional con tu adolescente, quizá no puedas evitar que se equivoque, pero siempre sabrá que te tiene de apoyo, y eso puede ayudar a que un pequeño error no se convierta en algo más grave.

PROBLEMAS
CON LOS ESTUDIOS

Sí, puedes motivar a tu adolescente después de una evaluación desastrosa

Cuando acaban las vacaciones de Navidad o Semana Santa, y aunque todavía quedan unos meses para junio, algunos adolescentes ya dan el curso por perdido. Suelen ser chicos y chicas que han obtenido unos nefastos resultados en la primera evaluación o en la segunda y que creen que no podrán remontar ese resultado. Pero no. No hay que dejarse llevar por el catastrofismo. Aún quedan unos trimestres de trabajo, y todavía es posible motivar a tu adolescente para estudiar después de una evaluación desastrosa.

Y es que hay adolescentes que comienzan el curso con mucho brío, y tienen buenos resultados en la primera evaluación, y también quienes comienzan pensando todavía en la playa o quizá no terminan de digerir algunos cambios (paso al instituto, cambio de metodología) y, cuando quieren darse cuenta, tienen las notas encima. Si es el caso de tu adolescente, te aconsejo el pragmatismo. Más que lamentarse por la evaluación, toca analizar la causa de las malas notas (sobre todo si el curso anterior eran mejores) y ponerse manos a la obra.

¿Por qué mi adolescente ha sacado malas notas en la evaluación?

Se suele entender que la desmotivación provoca malos resultados académicos, y es posible, pero lo que es seguro es lo contrario: que los malos resultados provocan desmotivación. Y es que las malas notas pueden deberse a muchos motivos, como:

- Dificultades para asumir determinados cambios (físicos, sociales, cognitivos…) propios de la adolescencia.
- Influencia del entorno social (amistades), que valora negativamente los buenos resultados académicos.
- Falta de sueño.
- Carencia de conocimientos sólidos sobre los que cimentar el aprendizaje.
- Falta de hábitos de estudio y planificación.
- Un exceso de presión que genera ansiedad.
- Un autoconcepto poco ajustado (creencia de que no se es capaz).

Tras unos malos resultados académicos casi nunca hay una sola causa, de modo que lo más aconsejable es analizar bien la situación de tu adolescente (puede ayudarte una tutorí) para poder poner el remedio adecuado, que puede ser una clase particular u otro tipo de apoyo. Sin embargo, sí que hay una acción que puedes emprender, sea cual sea la causa de sus malos resultados: ayudar a tu adolescente a encontrar la motivación.

Cómo ayudar a tu adolescente a recuperar la motivación académica

Como casi todo en la adolescencia, ayudarlo a recuperar la motivación académica pasa por el trabajo de su propio autoconcepto y de su autoestima. Porque, si tu adolescente ha sacado malas notas, quizá esté dudando de sus capacidades para aprobar. Incluso si no ha hecho nada en toda la evaluación: puede que vea los suspensos tan seguros que ni lo intente para no fracasar. Se trata, por tanto, de que sepa de qué es capaz y de enseñarlo a quererse mejor. Y los siguientes consejos pueden ayudarte a ello:

- **Huye de premios:** no, las recompensas no merecen la pena. Piénsalo así: ¿para qué debe tu adolescente estudiar? ¿Para ampliar su cultura general? ¿Para aprender el valor del esfuerzo? ¿Para recibir un premio?

  La motivación para estudiar debería ser intrínseca, esto es, nacer de tu adolescente, y no venir dada por premios externos. Estos cambian la conducta a corto plazo, pero no enseñan el valor que queremos transmitir.

- **No lo castigues:** los castigos suelen ser una venganza. Privar a tu adolescente de aquello que le es más querido (ver a sus amistades o su vida social a través del móvil) solo va a generar rencor.

  Lo que sí que te aconsejo hacer, en cambio, es revisar los hábitos. Si tu adolescente no es capaz de estudiar sin mirar el móvil, quizá necesita que se quede en el salón mientras estudia. Si las consolas le quitan tiempo de trabajo escolar, a lo mejor debéis revisar el acuerdo sobre pantallas.

  No se trata de que, de forma unilateral, tomes esa decisión: por supuesto, los límites de lo razonable los vas a imponer tú, como persona adulta, pero en la adolescencia tu mejor aliada es la negociación.

- **Ayúdalo a explorar sus talentos:** demasiado a menudo cometemos el error de priorizar lo académico. Y no es que lo académico no sea importante, pero lo más importante para cada persona es ser feliz y, para ello, todo el mundo debería tener la posibilidad de desarrollar sus propios talentos.

  Si a tu adolescente le gusta el deporte, la música o el maquillaje, permite que dedique tiempo a sus aficiones. Que vaya a cursos y eventos. Que mire vídeos en internet. Porque así podrá descubrir su propio talento, su propio valor. Puede que no le interesen las matemáticas, pero quizá pinte fenomenal o realice diseños de moda extraordinarios. Déjale darse cuenta y quererse por ello.

  Y es que saberse una persona valiosa lo ayudará a relativizar y a tener un autoconcepto más ajustado: no e que «no valga para nada», es que, entre todas las cosas que hace, le ha ido mal en una (los estudios) y debe trabajar para mejorar.

- **Enséñale la satisfacción de los objetivos cumplidos:** planificar no es fácil, y mucho menos cuando se es adolescente, pero en los estudios es una de las claves del éxito. Como en casi todo, la mejor manera de aprender a planificar es emprendiendo proyectos personales. Así pues, anima a tu adolescente a que se aventure con un proyecto que dure varias semanas: tocar una pieza de música, grabar y editar un vídeo complejo... Enséñale a dividir sus esfuerzos, a trabajar día a día, a medir sus progresos.

  Probablemente, ese proyecto tenga momentos difíciles, en los que haya que realizar actividades rutinarias, quizá aburridas. Acompaña a tu adolescente, ayúdalo si es necesario a superar el obstáculo. Y, cuando llegue el final, disfrutad del éxito. Saboreadlo. Compartidlo.

  A lo mejor en este momento tu adolescente no es capaz de hacerse un plan de estudios para recuperar la primera evaluación y necesita tu ayuda para ello. Pero ten por seguro que, si aprende a esforzarse con sus proyectos personales, acabará aprendiendo a aplicar ese aprendizaje a sus estudios.

- **Ayúdalo a establecer (o mejorar) sus hábitos de estudio:** quizá tu adolescente se siente a diario delante de los libros pero no es capaz de sacar provecho del tiempo. Se trata de algo relativamente común en la adolescencia, pero, por desgracia, los hábitos de estudio no son un aprendizaje explícito en casi ningún centro escolar. En este sentido, un horario de estudio sin distracciones, en una habitación sin pantallas, sería un buen comienzo. Y debe ser un horario razonable, con periodos cortos de concentración, y que incluya un tiempo específico para las asignaturas suspendidas.

- **Haced un acuerdo realista:** no, cada persona no debe dar el máximo, en todo momento, en todas las áreas de su vida. De hecho, esta idea de que hay que desarrollar el máximo potencial puede llegar a ser tóxica, porque siempre se puede dar más, pero caer en perfeccionismos y autoexigencias extremas puede ser enfermizo.

  Te aconsejo, pues, hacer un acuerdo con tu adolescente: olvídate de lo que «es capaz» de hacer y planead unos mínimos. Porque quizá para la próxima evaluación no pueda remontar el uno de ciencias y esté bien pedirle un tres. Y produce más satisfacción aspirar a un tres y llegar que aspirar a un cinco y sentir que se fracasa de nuevo.

- **Reconoce sus éxitos:** revertir una primera evaluación que ha ido mal no es sacar sobresalientes, a veces ni siquiera aprobarlo todo en la segunda: es ir paso a paso mejorando los resultados. Si en la primera ha suspendido cinco y en la segunda suspende dos, es una mejora, y puede augurar un aprobado a final de curso (siempre y cuando se siga trabajando).

  Recuerda que la manera en que hablas hoy a tu adolescente es la manera en que se hablará a sí mismo en el futuro, así que díselo: que lo ves trabajar, que siga así. Tu adolescente se merece tu reconocimiento, ya que lo ayuda a sentirse bien.

- **Cuida siempre vuestro vínculo:** los estudios demuestran que las buenas relaciones familiares se relacionan con mejores notas en la adolescencia. Pero permitir que las notas se interpongan en vuestro vínculo es un gran error.

  Tu adolescente, pues, necesita saber que te interesas por su progreso académico, pero también que lo más importante para ti es su persona, que lo quieres de forma incondicional y que las notas solo son un aspecto (y no el más importante) de su vida. Porque la adolescencia pasa, pero vuestra relación va a durar toda la vida.

Cómo ayudar a los adolescentes con los exámenes finales

Los exámenes finales son ese momento del año en que algunos adolescentes se sientan a estudiar por primera vez, y cuando aparece el estrés. ¿Y qué puedes hacer tú, que llevas meses diciéndole que se ponga a estudiar? Sí, a pesar de eso, puedes ayudarlo, pero solo si entiendes por qué tu adolescente se ha encontrado en esta situación y cuál es la manera más práctica de resolverla.

Por qué los adolescentes procrastinan

Procrastinar es el *arte* de tomar la decisión de no hacer algo a pesar de saber que a largo plazo será peor. Así lo define Tim Pychyl, profesor de la Universidad de Carleton (en Canadá), que, además, lo vincula a la primacía del estado de ánimo a corto plazo (no hacer algo que no nos motiva) sobre las acciones planeadas a largo plazo (aprobar el curso).

¿Cómo no iban los adolescentes a ser expertos en procrastinar si en ellos se dan todos los elementos que favorecen esta actitud? Por una parte, la importancia extraordinaria del estímulo emocional; por otra, las dificultades para planificar a largo plazo derivadas del momento de maduración de su corteza frontal. Así que calma: lo raro en la adolescencia es no procrastinar. No es que tu hijo no valga, es que su cerebro le ha vuelto a jugar una mala pasada.

Por qué no debes decirles «lo sabía» a tus hijos

El psiquiatra clínico Robert Brooks, profesor en la Universidad de Harvard, defiende que lo más importante para un niño o adolescente es la presencia de un *adulto carismático*: alguien que lo ama incondicionalmente y que se centra en la identificación de sus fortalezas, no en «arreglar» sus puntos débiles. Gracias a este adulto, se aprende a lidiar con el fracaso y el éxito, a resolver problemas y a tomar decisiones.

Un adulto carismático, por tanto, hace lo contrario de lo que parece salirnos de forma natural cuando nos encontramos con que llega junio y nuestro adolescente se agobia: no le «lee la cartilla», no le recuerda que tiene lo que se ha buscado, sino que intenta buscar una solución basada en lo que el adolescente sí que hace bien.

Ten en cuenta, además, que, si tu adolescente se estresa por los exámenes, es que sí que le importa aprobar, y todo lo que puedas decirle ya lo sabe. En consecuencia, lo mejor que puedes hacer es reaccionar como lo harías si tu mejor amiga te contara que se le ha echado el tiempo encima con alguna tarea: ayudando.

Animar «porque sí» no motiva a tu adolescente

Cuando se trata de ayudar, a veces nos quedamos en frases de ánimo muy vagas («Venga, que esto es facilísimo», «Tú puedes»). Las decimos con buena intención, pero lo cierto es que pueden tener el efecto contrario al que buscamos.

Si le dices algo así a un adolescente agobiado porque se ha atascado con un ejercicio de inglés o porque cree que es incapaz de comprender las causas de la Segunda Guerra Mundial, podrías llevarlo a dudar de sus propias capacidades («Si es fácil y a mí no me sale, entonces es que no valgo para estudiar»). Es más interesante, en cambio, animarlo a hacer una pausa y, después, ayudarlo a que encuentre la solución (buscar en internet, llamar a un amigo..., lo que crea que va a ser más eficaz).

Ayuda a tu adolescente a organizarse

Es un hecho: si le ha entrado la prisa a final de curso, tu adolescente no sabe organizarse. La buena noticia, sin embargo, es que está en la mejor edad para aprender este hábito que lo acompañará toda su vida.

Así pues, con el calendario de exámenes en la mano, estableced juntos un programa de estudio realista. Lo ideal sería estudiar todas las asignaturas todos los días y dejar un tiempo para los repasos. Enséñale, asimismo, a dividir una tarea grande en otras más pequeñas y a calcular sus tiempos (¿cuánto tarda en hacer cinco ejercicios de trigonometría? ¿Y un análisis sintáctico?). También a revisar las tareas completadas al final de cada día y semana y a reorganizar las que no haya podido terminar.

Es bueno empezar las sesiones de estudio por lo que se le da mejor, para que se motive; después, seguir con algo más difícil, y terminar con algo más sencillo, pues, aunque haga descansos, al final de una tarde de estudio siempre se impone el cansancio.

Estudiar en grupo es muy buena opción

Si alguna vez has tenido que explicarle algo a tu adolescente, ya sabrás que, ni aunque seas especialista en la materia, vas a poder resolver sus dudas sin entrar en una guerra de poder, así que es mejor que se lo dejes a las personas a las que sí que va a escuchar: sus amistades. Dos o tres personas que conectan entre sí y que han estado presentes en el aula durante la explicación serán de gran ayuda.

Si no tienes muy claro si van a aprovechar el tiempo en grupo, quizá puedas hacerlo en tu casa, así podrás vigilar discretamente que no pasan el tiempo en TikTok o en Instagram en vez de en el temario de la asignatura en cuestión. Y si quieres ser más discreta aún, siempre puedes entrar a la habitación ofreciendo una merienda a los chavales y así echar un vistazo ligero a lo que están haciendo.

¿Y si sus amistades tienen peores resultados? No pienses que en ese caso se «aprovecharán» de tu adolescente: nunca se entiende algo tan bien como cuando se explica a otra persona, así que quien más sabe también saca partido del estudio en grupo. Además, ayudar a otras personas tendrá un efecto muy positivo en la autoestima de tu adolescente, que se sentirá así más capaz cuando le toque estudiar algo que no se le dé tan bien.

En época de exámenes, lo primero es la salud

En exámenes y fuera de ellos, debes velar por que tu adolescente tenga una buena higiene de vida. Esto pasa por combinar tres aspectos: alimentación, descanso y ejercicio. Cuida, pues, que tu adolescente duerma lo suficiente. Lo ideal son ocho horas de sueño, y la verdad es que reducirlas la víspera de un examen suele tener mal resultado, pues la concentración será menor. Si lo hace en alguna ocasión, procura que no se convierta en un hábito.

Enséñale también a hacer descansos eficaces cuando estudia. Hay estudios que demuestran que los picos de concentración en la adolescencia duran veinte minutos. Tras uno de ellos, deberá hacer un descanso, y mejor si en este se evitan las pantallas. Un temporizador puede ayudarlo.

Comer de forma saludable debería ser una prioridad a lo

largo de toda la vida, pero más aún para un adolescente de exámenes. Evita en estas épocas los ultraprocesados, incluye proteína en las comidas y ten siempre a mano fruta, queso, frutos secos y otros tentempiés saludables para los momentos de descanso.

Y, por último, asegúrate de que hace suficiente ejercicio o, al menos, que sale a la calle y camina un rato cada día, pues la actividad física mejora la capacidad de análisis y la concentración.

Crea un ambiente que invite al estudio

Si tu adolescente tiene problemas para estudiar, lo mejor es que lo haga siempre en el mismo lugar, y que este invite a la calma y a la concentración. Procura, además, que tenga a mano el material que pueda necesitar (libros de consulta, bolígrafos, folios) y elimina, en la medida de lo posible, las pantallas y otras distracciones. Habrá tiempos en los que el móvil o la tableta sean necesarios para realizar consultas, pero durante el tiempo de memorización no deben estar presentes.

Las bibliotecas públicas son un arma de doble filo. A veces ayudan mucho porque hay otras personas en la misma situación, pero en ocasiones se convierten en un espacio de ocio para los adolescentes. Así pues, habría que analizar el caso concreto de tu adolescente, pero, en general, no son un buen lugar para estudiar de forma regular en la Secundaria.

Cuando ya pasan a otros niveles, el compromiso con la tarea tiende a ser mayor y, por tanto, la capacidad de trabajar en espacios públicos también.

No juzgues a tu adolescente
por sus resultados académicos

Estudiar el último día no es una garantía de aprobado, eso está claro. Pero el final de curso no es el mejor momento para decírselo a tu adolescente. Sí, es frustrante que suspendan cuando podrían aprobar sin problemas, o que saquen una nota más baja de la que crees que podrían conseguir, pero una reprimenda no lo va a cambiar. Y debes recordar siempre que tu hijo o hija es más que las calificaciones que ha obtenido.

Te aconsejo, entonces, que siempre te centres en lo que sí que ha conseguido: mejorar sus resultados en su asignatura favorita, aprobar por fin una materia que se le resistía, lo que sea. Porque, al final, los comentarios sobre sus fortalezas son el arma más poderosa para conservar la conexión con tu adolescente y para la construcción de su autodisciplina, y esos, y no el aprobado de hoy, son tus objetivos educadores a largo plazo.

ACTITUDES PELIGROSAS Y ADICCIONES EN LA ADOLESCENCIA

Adolescencia y alcohol: ¿puede prevenirse su consumo?

Las estadísticas hablan por sí mismas: la edad de inicio de consumo de alcohol en España se sitúa en los catorce años, y cada vez está más generalizado el consumo *binge drinking* o *atracón*, es decir, el tomar cinco o más bebidas durante un periodo muy breve de tiempo con el objetivo de emborracharse. Sin embargo, ¿hay algo que, como padre o madre, puedas hacer para prevenir el consumo de alcohol en la adolescencia?

Beber es un hábito generalizado en la adolescencia

Antes que nada, es importante asumir que beber es un hábito generalizado no solo entre adolescentes, sino en toda la sociedad. Así pues, como madre o padre de adolescentes, es mejor que no te engañes: lo más probable es que tu hijo, en algún momento, consuma alcohol, y eso no significa que vaya a sufrir alcoholismo. Recuerda que un porcentaje muy pequeño de personas pasa por adolescencias realmente problemáticas.

Pero lo cierto es que, cuanto más joven comienza una persona a consumir alcohol, más alto es el riesgo de tener, en la juventud o en la edad adulta, problemas con la bebida: se ha encontrado que el riesgo es hasta cuatro veces mayor en adolescentes que comienzan a beber alcohol antes de los quince años con respecto a jóvenes que se inician a los veinte. A esto se añade que numerosos estudios señalan que el alcohol es una sustancia de entrada al consumo de otras drogas (en algunos se encuentra que casi la mitad de los jóvenes que beben alcohol consumen también cannabis y hasta el cinco por ciento, otras drogas).

En consecuencia, una cosa es aceptar que beberá en algún momento y otra no prestar atención a lo que sucede. Porque, además, y contrariamente a lo que se creía hace unos veinte años, el alcohol es especialmente dañino en las personas jóvenes.

Consecuencias de la bebida en adolescentes

En los últimos años, a la par que avanzaba el conocimiento sobre las últimas fases de desarrollo del cerebro, se han ido conociendo los efectos que el alcohol tiene sobre él. Estos estudios demuestran que, al estar el cerebro adolescente en pleno desarrollo, las consecuencias del alcohol en él pueden ser fatales.

Las áreas cerebrales que sufren mayores cambios en la adolescencia son la corteza frontal y el hipocampo, que son las últimas que maduran. Pues bien, el alcohol parece cebarse especialmente con la corteza prefrontal, que maneja funciones cognitivas muy relevantes: planificación, toma de decisiones, control comportamental, memoria de trabajo y procesos de atención.

Por este motivo, beber grandes cantidades de alcohol de manera repetida durante la adolescencia puede afectar a esas habilidades y provocar diferentes niveles de daño cerebral: dificultades de aprendizaje, problemas de memoria espacial y de memoria a largo plazo. Y lo grave es que los estudios muestran que esos daños persisten hasta la edad adulta.

Por otro lado, y puesto que el alcohol inhibe la actividad de la corteza frontal (encargada de la toma de decisiones), cuando se consume en grandes cantidades hay mayor probabilidad de caer en otros comportamientos de riesgo, como los siguientes:

- **Conducción ebria:** conducir bajo los efectos del alcohol o ir en coche con alguien que lo está es una de las principales causas de muerte entre la juventud española. Además, la probabilidad de montarse en un coche con una persona ebria es mucho mayor para las personas que también lo están, pues tienen menos conciencia del riesgo.
- **Prácticas sexuales de riesgo:** tener relaciones sexuales con una persona ebria puede considerarse abuso sexual, pues esta no ha podido dar su consentimiento de manera consciente, algo que debemos enseñar a nuestros jóvenes lo antes posible. Pero, además, el haber bebido aumenta la

probabilidad de mantener relaciones sexuales sin protección y, en consecuencia, de sufrir enfermedades de transmisión sexual o un embarazo no deseado.

- **Otras conductas:** si la adolescencia es, por definición, un periodo en el que se suelen infravalorar los riesgos, sumarle el alcohol puede tener consecuencias muy peligrosas, como meterse en peleas, sufrir ahogamientos y, en algunos casos, hasta provocarse autolesiones o intentar suicidarse.

¿Qué puedo hacer para proteger a mi adolescente?

Es muy difícil evitar que tu adolescente pruebe el alcohol. Hay que pensar, además, que la sociedad envía unos mensajes muy contradictorios a los adolescentes: por un lado, se les advierte de los peligros del consumo excesivo de alcohol, pero, por otro, este está presente en la mayoría de las celebraciones y fiestas adultas. Por eso, y porque los efectos del alcohol pasan rápido con respecto a los de otras drogas, la mayoría de los adolescentes tiene la idea de que consumir cuatro o cinco bebidas no supone un problema.

Las políticas de sensibilización hacia el consumo excesivo de alcohol en la adolescencia se han centrado hasta ahora (sin mucho éxito, por cierto) en sensibilizar negativamente; es decir, hablar de las razones por las cuales no deberían consumir alcohol. Sin embargo, hay algo que las personas que educamos debemos tener en cuenta, y desde ahí debe ayudar la prevención, y es el porqué. Y es que, como afirma Gerard Ribé, el consumo no es sino un síntoma.

¿Por qué hay tantas personas jóvenes que necesitan evadirse del mundo consumiendo sustancias? ¿Cómo podemos prevenirlo? La respuesta no es sencilla, pero el hecho de que algunos estudios demuestren una correlación entre el consumo excesivo de alcohol y la baja autoestima nos da una pista clara.

Fomentar la autoestima en la adolescencia (¡y antes!), escuchar (de verdad), recordar siempre que los adolescentes necesitan el apoyo adulto aunque en ocasiones no lo parezca, acoger sus errores, no interpretar el mal comportamiento como algo personal..., todo esto puede ser un buen comienzo, pues las personas con una sana autoestima son más capaces de decir que no. Otras líneas de actuación posibles serían:

- Predicar con el ejemplo y moderar el propio consumo de alcohol.
- Dialogar, dialogar, dialogar. Estar siempre pendiente de cuándo pueden tener ganas de una conversación y aprovechar el momento.
- Fomentar actividades de ocio sano, mejor aún si son compartidas.
- Individualizar la educación al máximo, aunque se tengan varios hijos. Es difícil, pero lo de «los he educado igual» puede ser un error.

Mi adolescente ha llegado a casa bebido: ¿qué hago?

Lo ideal sería haber tenido una charla antes de este momento aprovechando un anuncio, una serie de televisión, una noticia… Lo que sea para tirar del hilo. Pero, en cualquier caso, lo mejor es no hacer nada ahora.

Así pues, si tu adolescente ha llegado a casa mostrando claros síntomas de embriaguez, simplemente pídele que se vaya a la cama y retrasa la conversación. Cuando encuentres el momento adecuado, puedes:

- Preguntarle cuáles son los motivos por los que bebe.
- Desmentir mitos sobre el alcohol.
- Ayudarlo a construir estrategias para sortear la presión del grupo.
- Pero, sobre todo, pregúntate y pregúntale qué puedes hacer para que deje de sentir la necesidad de consumir de ese modo.

Teniendo en cuenta los hábitos sociales de la adolescencia actual, es muy posible que tu adolescente vuelva a beber. Lo mejor, entonces, es vigilar sin alarmarte, intentar ofrecer otras opciones de ocio, pero sin tampoco quitarle importancia, pues hay que tener siempre en cuenta la vulnerabilidad de tu adolescente al alcohol.

Recuerda que, si crees que tu adolescente tiene un problema con el alcohol, puedes pedir ayuda en la FAD (Fundación de Ayuda contra la Drogadicción). Y no esperes a que se agrave para llamar.

Adolescentes que apuestan, ¿hay que preocuparse?

Hace ya varios años que las encuestas españolas que investigan las dependencias marcan una tendencia clara: está aumentando el número de jóvenes que apuestan, así como el número de jóvenes que tienen, o están en riesgo de tener, un problema serio con el juego. Y esto a pesar de que la edad mínima para apostar, en España, son los dieciocho años.

Según la encuesta *ESTUDES*, del Ministerio de Sanidad, el 10,3 % de los jóvenes de entre catorce y dieciocho años apuesta *online* de manera regular y el 22,7 % lo hace presencialmente. Además, el estudio del Centro Reina Sofía sobre adolescencia y juventud *Prácticas invisibles* afirma que la mayoría de los adolescentes se inician en el juego entre los catorce y los dieciséis años. Las cifras son, pues, muy preocupantes, y nada parece indicar que vayan a descender. Y hay que decir algo, además: cuanto más joven se empieza a jugar, más fácil es caer en la adicción.

Con las apuestas *online* es peor

Cuando un joven apuesta *online*, es cuatro veces más fácil que acabe desarrollando un problema de juego que si jugara presencialmente. Y es que las apuestas *online* reúnen algunas características que las hacen especialmente preocupantes:

- Garantizan el anonimato y borran las fronteras: no hay necesidad de desplazarse y, además, se puede jugar todo el día.
- Al ser virtuales, la sensación de riesgo percibido es menor, pues ni siquiera hay dinero físico de por medio.

Cuando las apuestas son deportivas, el peligro se agrava aún más: ¿cómo va a ser peligroso algo que se asocia con el deporte y que en ocasiones es, incluso, publicitado por los ídolos deportivos de los adolescentes?

Todas estas razones hacen que el periodo de latencia (el tiempo que transcurre entre el momento en que una persona comienza a jugar y aquel en que comienza a desarrollar una conducta patológica) sea mucho menor para los juegos *online* (de solo un año y medio, frente a una media de cinco a siete años cuando el juego es presencial).

¿Por qué apuestan los adolescentes?

Casi ningún padre o madre se preocupa cuando ve que su adolescente apuesta un euro, o cinco, pero, si la conducta va a más, si empieza a jugarse cantidades importantes de dinero, ahí siempre surge la misma pregunta: ¿por qué? La respuesta es compleja, y tiene que ver tanto con lo social como con el momento de desarrollo del cerebro adolescente.

Con respecto a lo social, el hecho de que el juego sea percibido como una forma más de ocio es fundamental. Es verdad que, en teoría, los jóvenes no pueden jugar, pero en la práctica el control es mínimo. Por su parte, los motivos cerebrales son varios:

- **El placer provocado por la descarga de adrenalina:** el juego no deja de ser una conducta de riesgo, y ya sabes que el cerebro adolescente siente una gran atracción por el riesgo, por la novedad: por esta misma razón se entregan a otras conductas (exceso de velocidad, consumo de sustancias…).
- **Jugando se olvidan los propios problemas:** muchas conductas adictivas tienen como raíz un malestar que no se ha tratado a tiempo. Como ya se ha comentado, la sociedad tiende a minimizar el malestar de la adolescencia: «sus cosas» no son importantes o son cosas «de niños». Pero, cuando no se atiende un malestar, puede terminar derivando en un problema psicológico, y ahí las conductas de riesgo favorecen una evasión rápida,

aunque falsa, porque la realidad es que acaban agravando el problema.

- **Una sensación de aumento de la autoestima:** ganar una apuesta puede dar un subidón de autoeficacia, ya que quien gana no piensa: «Qué suerte he tenido», sino: «Qué bien se me da esto». Imagina a un adolescente que sienta que no se le dan bien los deportes, o los estudios: ganar varias apuestas le daría la idea de que sí que «vale» para algo.
- **Las ganancias económicas:** por supuesto, ganar dinero (en general, para invertirlo en el propio ocio) es una de las razones por las que nuestros adolescentes juegan, ignorando que, normalmente, con el juego se pierde más que se gana.
- **El deseo de hacer lo mismo que todo el mundo:** ya se ha dicho: en la adolescencia es muy importante hacer lo mismo que el grupo de iguales, así que, mientras las casas de apuestas sean un lugar de ocio común para los chicos y chicas (como, por desgracia, son hoy, aunque esté prohibido), muchos adolescentes se verán impulsados a ir, y a apostar, por ser «como todos».

Retrato robot del jugador adolescente

El porcentaje de adolescentes que juega es muy elevado. No todos son, sin embargo, jugadores habituales. Hay un perfil que define a estos últimos: son en general chicos de catorce a diecisiete años que han comenzado a usar internet bastante jóvenes y que pasan entre dos y tres horas al día en la red (muchas veces en horario nocturno).

Suelen venir, asimismo, de familias con un estilo de crianza permisivo, y en las que no hay una protección cercana en el uso de internet. Además, son chicos que suelen considerarse malos estudiantes, tienen baja autoestima, menor tolerancia a la frustración y asumen más riesgos que la media.

Son chicos, en definitiva, que están buscando salir de una vida que no les llena, y lo hacen a través de un medio equivocado, porque les da sensaciones fuertes y, si ganan, una recompensa inmediata.

¿Cómo evitar que los adolescentes jueguen?

Antes de responder a esta pregunta se hace necesario aclarar que, si crees (aunque sea solo una sospecha) que tu adolescente puede tener un problema con el juego, debes acudir a un especialista. Solo la atención por parte de un psicólogo especializado puede garantizarte que tu hijo va a estar en buenas manos. El juego es una adicción, y no basta con la voluntad para dejarlo: es necesario contar con ayuda profesional.

Antes de llegar a eso, para prevenir que tu adolescente juegue, lo mejor que puedes hacer es cultivar su autoestima y ayudarlo a conocer sus emociones y cómo manejarlas. Un adolescente feliz, en paz consigo mismo, es un adolescente que tendrá menos necesidad de recurrir a vías de escape como el alcohol, las drogas o el juego.

Haciendo un resumen muy breve, la mejor educación se basa en tres pilares:

- **Dialogar:** dialogar con tu adolescente no solo te permite saber cuáles son sus problemas, necesidades e inquietudes, sino que le da la oportunidad de saberse querido, necesitado, mirado: validado.

  Esto forma parte de las necesidades de toda persona, pero en especial de las personas adolescentes, que suelen tener una autoestima menor que los adultos y por ello necesitan una validación mayor: de alguna manera, es como si tú fueras su autoestima.

- **Darle responsabilidades:** tomar decisiones se entrena, y, si tu adolescente tiene la costumbre de hacerlo, estas serán cada vez mejores. Aunque, por supuesto, las decisiones deben estar siempre acotadas.

  Darle libertad a tu adolescente no significa entregarle un móvil y dejar que haga lo que quiera. En función de su edad y su madurez, es muy razonable poner un control parental para que no pueda acceder a determinadas páginas, establecer claramente las horas de descanso tecnológico... Según vaya creciendo, lógicamente, y si su uso es responsable, estas limitaciones se pueden ir revisando.

- **Educar en el espíritu crítico:** esto sería, de algún modo, la consecuencia de los dos consejos anteriores. Aprovecha cualquier ocasión (una serie, una noticia) para poner sobre la mesa los temas que te preocupan, sin acusar, sin juzgar, señalando simplemente lo que piensas y, sobre todo, dejando hablar a tu adolescente.

Los adolescentes tienen la capacidad de razonamiento abstracto, y pueden elaborar juicios. Así pues, cuanto más hayan reflexionado sobre un tema y más autoconfianza y autoestima tengan, más fácil les será no dejarse llevar por la conducta grupal o por la satisfacción inmediata de determinadas actividades de riesgo.

Y, sobre todo, no te alarmes antes de tiempo. Aunque las cifras de ludopatía crecen entre la juventud española, y es urgente que se haga algo al respecto, recuerda que la gran mayoría de las adolescencias transcurren sin problemas graves.

Preocúpate sobre todo de dar a tus hijos una educación en la que combines libertad y límites, para que puedan ir madurando en un entorno en el que se sientan bien, y vigila siempre, sin alarmas pero sin dejadez.

Qué hacer con adolescentes que roban

Un día, en tu cartera faltan veinte euros. Piensas que los has perdido o que has utilizado el billete sin ser demasiado consciente de ello. Pero unos meses después vuelve a suceder. Y ahí ya empiezas a tirar del hilo, y acabas sospechando. ¿Me está robando mi adolescente? ¿Qué puedo hacer?

Robar es grave, y hace que nos salten todas las alarmas. Sin embargo, es importante matizar un par de aspectos. Lo primero, tranquilidad: tu hijo de quince años no va a terminar siendo un delincuente por quitarte un billete de la cartera un día. Lo segundo: deja de lado la ira y los juicios y céntrate en las razones que lo han llevado al robo, porque es más eficaz atacar a la causa que solo al síntoma.

¿Por qué roban los adolescentes?

En la adolescencia aparece el pensamiento abstracto y, con él, la capacidad de comprender conceptos complejos, la empatía y el sentimiento de justicia. Pese a ello, los pequeños robos son, como muchas otras conductas antisociales, relativamente frecuentes a partir de los trece o los catorce años, y más en varones.

¿Tiene esto algún sentido? Sí, lo tiene. El culpable es, como siempre, el cerebro adolescente. Ya se ha dicho en estas páginas: el adolescente se encuentra en pleno proceso de individuación (de separación de los padres y adquisición de su propia personalidad) y, además, su corteza frontal está aún inmadura, por lo que no termina de controlar sus impulsos (el control de impulsos radica, precisamente, en la corteza frontal, de manera que, hasta que esta no está desarrollada, el cerebro se va a guiar por las emociones y por la recompensa inmediata).

Así, las causas que pueden llevar a un adolescente a robar son bastante diversas y están todas ellas relacionadas con este peculiar estado cerebral:

- **Deseo de mostrar oposición a la autoridad e independencia:** en la adolescencia se descubren sistemas de valores diferentes de aquellos en los que el adolescente se ha educado; esto, unido a la capacidad para el razonamiento abstracto, provoca que en ocasiones los jóvenes pongan en duda los límites y las normas familiares. Robar dinero a mamá o papá es, en este contexto, una manera (aunque equivocada, de más está decirlo) de mostrar independencia.
- **Necesidad de correr riesgos:** la adolescencia es, biológicamente, una etapa de independencia, y para independi-

zarse es necesario ir hacia lo desconocido, no acomodarse; en definitiva, correr riesgos. Robar, pues, podría formar parte de este juego de desafío y adrenalina que tanto necesita su cerebro.

- **Búsqueda de popularidad entre sus iguales:** en la adolescencia la opinión de los iguales empieza a importar, en ocasiones mucho más que la de la propia familia. A veces, el mero hecho de robar puede dar estatus social, popularidad, por llevar aparejada la valentía frente al riesgo. Otras, el estatus social viene dado por la posesión de un determinado objeto (que el adolescente roba para obtener).

- **Necesidad de sentir la aceptación de los iguales:** hay también casos de adolescentes que roban para ofrecer a sus iguales regalos materiales y, con ello, *comprar*, de alguna manera, su amistad.

- **Sentimiento de no pertenencia:** cuando un adolescente se siente desconectado de su familia, o víctima de una injusticia, puede robar para vengarse porque siente que a nadie le importa lo que haga. De alguna manera consideran que, puesto que están heridos, pueden herir a otras personas: un ciclo de venganza del que es muy difícil salir.

Cómo enfrentarse al problema

Que tu adolescente robe es un problema que da miedo, sí, aunque la mayoría de las veces solo significa que le faltan habilidades de resolución de problemas o que es «víctima» del escaso desarrollo de su corteza frontal. A pesar de eso, en este tema no se puede mirar para otro lado ni puede haber dejación de funciones. Debes actuar.

Pero actuar no significa lo que quizá estés pensando. No es echarle la bronca, ni amenazarlo, ni darle la charla ni tampoco castigarlo. El asunto ya es lo suficientemente importante como para hacer de ello, además, una lucha de poder.

Hay maneras más eficaces de enfrentarse a ello, y son las siguientes:

- **Colócalo ante los hechos, sin paños calientes:** si sabes que ha robado, no se lo preguntes: lo estás poniendo entre la espada y la pared. Es mejor, en cambio, poner los hechos sobre la mesa con claridad y de forma calmada: «Me has cogido veinte euros de la cartera y quiero saber en qué los has gastado».
- **Muestra compasión:** ¿robaste alguna vez en tu adolescencia? Quizá sea el momento de decírselo a tu adolescente, sobre todo si salió mal. No se trata de minimizar el robo, sino de transmitirle que entiendes que ha sido un error, y que como tal lo vas a tratar. Y, sobre todo, que este error no lo invalida a él como persona: debe asumir las consecuencias, sí, pero no es menos por lo que ha hecho.
- **Dale una salida digna:** la peor manera de resolver un problema con un adolescente, en cualquier circunstancia, es dejarlo sin salida. Debes cuidar su autoestima y darle una posibilidad real de solucionar las cosas. Así pues, nada de decirle: «Te quedas sin paga hasta que me des el dinero», y

mucho menos sin tele o sin salir: esto solo provocará que se enfade, y quizá que salga a escondidas o pida dinero a los amigos (de modo que se endeudará y aumentará las posibilidades de volver a robar).

Puedes, en cambio, decir algo como: «Si antes de mañana por la mañana vuelvo a tener los veinte euros, me olvido de todo» o, si sabes que se lo ha gastado, ofrecerle que te lo vaya devolviendo poco a poco, con su paga semanal. Pero sé realista: aunque tarde meses en darte el dinero, deja que su paga siga siendo suficiente para afrontar sus gastos, que pueda asumirlo. Id apuntando lo que te entrega para poder llevar un control.

Cómo evitar que tu adolescente vuelva a robarte

Si has podido indagar en las causas por las que tu adolescente roba, probablemente ya tengas claro que, una vez establecido el plan para devolver el dinero, lo más importante es trabajar en esas razones. Y, como en muchas otras cosas, la clave está, siempre, en el equilibrio entre algunos puntos:

- **Mostrar amor incondicional:** es de vital importancia que tu adolescente sepa siempre que lo quieres. Y no basta con que se lo digas (a veces, ni siquiera querrá oírlo): debes demostrárselo preocupándote por sus cosas, por sus amistades, por sus aficiones. El amor incondicional hacia tu adolescente es, además, su mejor fuente de autoestima.

Un adolescente que se siente amado será capaz de amarse a sí mismo. Y probablemente, cuando se ame a sí mismo, será capaz de ignorar algunas presiones del grupo.

- **Ser muy realista con las consecuencias:** los adolescentes son capaces de razonamiento abstracto, por lo que se les puede advertir muy claramente de las consecuencias de sus actos. Esto sirve también para el establecimiento de límites. Así, si contraen una deuda porque deben devolver algo robado, no es conveniente prestarles dinero para ello, pero sí ayudarlos a trazar un plan para conseguirlo de forma honesta: por ejemplo, cuidando a los hijos de los vecinos los fines de semana.

- **Ser ejemplo:** si no quieres que tu adolescente robe, no debes mostrar medias tintas en este sentido. Si tu adolescente ve que no devuelves el dinero que te han dado de más en el supermercado o que no le dices al camarero que se ha olvidado de cobrarte una cerveza, recibe un mensaje confuso.

Por otro lado, si tu adolescente ha robado porque el dinero del que dispone es menor que el que tienen sus amistades (y no quieres o no puedes ajustar su paga), puedes ayudarlo a encontrar algún trabajo puntual para que pueda pagarse esos gastos extra. Así también le estarás enseñando el valor del dinero.

Mi hijo roba: ¿cuándo me preocupo?

Un robo puntual no es, en principio, preocupante, pero habría que vigilar si se pasa alguna de estas líneas rojas:

- La conducta se repite a menudo. Una cosa es coger veinte euros esporádicamente y otra muy diferente que se haga cada dos días.
- No hay arrepentimiento.
- La cantidad robada es muy elevada.

Y, por supuesto, siempre que veas otras conductas que te inquieten: aislamiento excesivo, problemas de sueño, de alimentación, otros comportamientos antisociales... Además, si las cantidades son elevadas y la conducta se repite a menudo, se puede sospechar que esté sufriendo algún tipo de extorsión, incluso que esté consumiendo drogas. En estos casos, no dudes en ponerte en manos de un psicólogo infantil, y del pediatra, para que te aconsejen en el camino. Y, sobre todo, no te culpes: tú no eres responsable de la conducta de tu adolescente. Pero sí de ayudarlo a corregirla.

En todos los demás casos, permanece vigilante y ayúdalo a afrontar las consecuencias de sus actos. Lo más probable es que se trate solo de uno o dos episodios aislados.

PANTALLAS Y ADOLESCENCIA: CÓMO AFRONTARLAS

Los cinco riesgos a los que se enfrentan los adolescentes en internet

No es una novedad que el uso de pantallas es una fuente de conflicto frecuente en las familias con adolescentes. Y es que, según el último estudio del INE, el 93,8 % de los adolescentes tienen móvil, y pocos padres ignoran que, cuando dejan a sus adolescentes navegar por internet, les están abriendo la puerta a un mundo en el que no todo es de color de rosa. Tampoco hay que pensar que internet es un peligro constante, pero sí que entraña algunos riesgos, especialmente agudos para los adolescentes.

¿Es internet un peligro para mi adolescente?

Ni las pantallas en general ni internet en particular son un peligro en sí: son una herramienta. Pero, de la misma manera que sucede con otras herramientas, como el coche, internet mal empleado puede acarrear peligros.

El problema de internet es, además, su novedad: no hay manual educativo porque es la primera vez que una generación se cría con semejante puerta al mundo en la palma de su mano. Es más, la industria convenció a las familias, hace algunos años, de las bondades de la conexión a edades tempranas, y ahora hay toda una generación de adolescentes dependientes del estímulo continuo de internet. A esta generación se la llama engañosamente «nativa digital», sin pensar que eso sería el equivalente de pensar que una persona que nació a principios del siglo XX sería «nativa automovilística» y, por tanto, no necesitaría aprender a conducir.

Sí, te parece que tu adolescente es más hábil que tú en internet, y probablemente ya desde los dos años manifestaba esa supuesta habilidad, pero la realidad es que, simplemente, ha conocido esa herramienta desde que nació, y no le asusta. Pero, igual que una persona que nació tras la invención del automóvil, necesita formación para manejar de manera consciente el vasto mundo que le ofrece internet. Porque ni hay que ver peligros por todas partes (y prohibir la conexión) ni hay que confiar en que una persona adolescente, que aún tiene la corteza cerebral en pleno desarrollo, sea capaz de autorregular su comportamiento en internet (y no ejercer control alguno). Como siempre, la solución es educar, aunque no es nada fácil. Y es necesario formarse.

¿Cuáles son los verdaderos riesgos de internet para los adolescentes?

- **Riesgos relacionados con el acoso entre iguales:** la red es omnipresente, lo que hace que el acoso entre iguales, que antes se limitaba a momentos en que víctima y acosador estaban en el mismo ámbito físico, haya traspasado ese contexto y se haya colado en casa de las víctimas.

  Se trata de un problema grave, pues suele ser difícil de detectar (las víctimas de abuso tienden a ocultarlo por miedo a represalias) y provoca graves consecuencias psicosociales (que van desde el malestar hasta las conductas suicidas). Y es que hay aspectos del ciberacoso que lo hacen aún más duro que el acoso presencial, porque:

  - El acosador puede ocultar su identidad, lo que aumenta la sensación de indefensión de la víctima y la de impunidad del acosador (lo que hace que se pueda ampliar el perfil de acosador potencial).
  - La audiencia puede ser muy grande en cuestión de muy poco tiempo si el acoso se lleva a cabo en público (en una red social, por ejemplo) y la humillación, ser muy duradera en el tiempo (los vídeos, comentarios vejatorios, etcétera, permanecen durante años en la red).
  - El acoso no para cuando víctima y acosador no se ven: la víctima no puede esconderse, lo que incrementa el daño que recibe y la sensación de no poder escapar del acoso.

- **Riesgos relacionados con el acoso y el abuso sexual:** uno de los mayores problemas de internet es la facilidad con que una persona puede hacerse pasar por quien no es con el objetivo de llevar a cabo una actividad delictiva. Y esto es especialmente grave para los adolescentes, que aún no tienen la capacidad de reflexionar fríamente sobre las personas con quienes hablan y tienden a ser confiados.

  El informe *Violencia viral,* publicado por Save the Children en 2019, concluyó que uno de cada cinco jóvenes españoles de dieciocho a veinte años había sufrido acoso sexual en internet por parte de una persona adulta que se hacía pasar por menor. Además, la edad media de inicio de este tipo de violencia (que se conoce como *grooming*) era de quince años.

  No es lo más común, pero en ocasiones el acosador acaba convenciendo o extorsionando a la víctima para encontrarse, y se produce un abuso físico. Pero, aunque no llegue a ocurrir algo así, debemos acabar con la idea de que el acoso sexual en internet es «menos grave» porque no hay contacto físico: la víctima lo es tanto como si hubiera estado en contacto con su agresor y, además, a los sentimientos propios del acoso (aislamiento, miedo, autoinculpación…) se suma el hecho de que existen documentos gráficos de la experiencia, que pueden difundirse de forma masiva.

- **Riesgo de ver contenidos para mayores:** los adolescentes españoles ven pornografía por primera vez a los doce años y casi siete de cada diez lo hacen de forma frecuente, según un informe de Save the Children.

El porno, y más los contenidos gratuitos, que son los que se suelen consumir en la adolescencia, se basa en relaciones desiguales, machistas y violentas, además de en prácticas sexuales e ideales de cuerpos que nada tienen que ver con la realidad.

Y algo que es muy revelador en ese informe es que el primer acceso al porno tiene a menudo su origen en un tipo de violencia *online*: la exposición involuntaria a material sexual, bien porque una persona de su grupo de iguales —o desconocida— se lo enseña (compartiendo un enlace o mostrándole una pantalla) bien a través de anuncios en internet. Habría que añadir, además, que las chicas están más expuestas a recibir contenido sexual de una persona desconocida sin que medie intercambio previo, lo que constituye una forma de abuso.

- **Incitación a conductas dañinas u ofensivas:** por sorprendente que pueda parecer, en internet hay muchos lugares donde se incita a las personas a llevar a cabo conductas que son dañinas. Hay, por ejemplo, espacios donde se hace apología de la anorexia y de la bulimia, y adolescentes enfermas (son mayoritariamente chicas, aunque también hay chicos) que ofrecen trucos y apoyo para resistir ayunos prolongados o para vomitar sin que se enteren otras personas. Y, aunque muchas veces se denuncian estas páginas y se realizan acciones colectivas para intentar que se prohíban completamente, siguen en la red.

Existen también retos en los que se incita a cometer algún tipo de violencia contra sí mismo o contra otras personas: la «caza del pijo», en el que se anima a pegar sin mediar palabra previa a chicos y chicas de clase social media-alta, o la «ballena azul», un reto que estuvo de moda hace unos años y que constaba de cincuenta pruebas cada vez más dañinas, la última de las cuales era el suicidio.

Estos retos suelen viralizarse rápidamente, lo que da a los adolescentes que los realizan una gran cantidad de *likes* en poco tiempo. Con los *likes*, los adolescentes sienten la satisfacción instantánea de sentirse conectados, pertenecientes a una comunidad: justo lo que sus cerebros necesitan.

- **Adicción a dispositivos móviles:** de todos los riesgos de internet, es el que más preocupa a los padres y madres: la adicción a internet o, de manera más general, a las pantallas. Es verdad que en ocasiones se confunde un uso abusivo (adolescentes que parecen no desengancharse del móvil en ningún momento) con la *nomofobia*, el miedo irracional a no tener el teléfono móvil encima, y que, según algunos estudios, podrían sufrir hasta ocho de cada diez personas en España.

Pero, aunque no lleguemos a ese extremo, es innegable que las pantallas *enganchan* (¿o acaso tú, que esperabas una semana para ver *Farmacia de guardia*, no dejas «un capítulo más» de tu serie favorita aunque debas irte a la cama?), y todo lo que provoque adicción, satisfacción inmediata, es especialmente peligroso en la adolescencia. Y es que, aunque conllevan muchas ventajas, las pantallas también nos están quitando otras cosas: tiempo de interacción cara a cara, de dedicación a otros *hobbies*, de estudio y, peor aún, de sueño. Tanto a las personas adultas como a las adolescentes.

¿Puede mi adolescente usar internet de forma segura?

La buena noticia es que sí: tu adolescente puede usar internet de forma segura. Pero para ello necesitas actuar ya, y cuanto antes mejor. Necesitas saber, pues, qué hace tu adolescente en internet, qué aplicaciones utiliza y qué riesgos entrañan. Necesitas también conocer las herramientas para detectar una conducta abusiva con respecto a las pantallas.

Asimismo, necesitas establecer unos límites claros para proteger el desarrollo de tu adolescente (sus horas de sueño, su progreso intelectual), su derecho a la intimidad y su integridad. Y debes ser firme y consecuente en tus noes y acompañar a tu adolescente en su frustración (que la habrá).

Es importante también que enseñes a tu adolescente un código de conducta en la red, para que, por desconocimiento o escudándose en el anonimato, no caiga en el abuso o en los comentarios desagradables o hirientes.

Así pues, tu adolescente te necesita ahora, para que las pantallas, que ya forman parte de su vida, no se conviertan en un peligro.

Videojuegos y adicción
en la adolescencia

Q ue hasta el 95 % de las familias con adolescentes afirmen necesitar formación sobre el uso de las TIC dice bastante sobre la magnitud del problema. Y es que, aunque los videojuegos ya existían en la adolescencia de los actuales padres y madres de adolescentes, entonces no había la posibilidad de conectarse a internet y jugar en línea, creando un universo social.

Este universo social es, según parece, el motivo principal para hacer un uso desadaptativo de los videojuegos, y la razón por la que quienes juegan *online* presentan más tasas de abuso que quienes juegan *offline*.

¿Son, entonces, los videojuegos un peligro?

Abuso de videojuegos:
un dolor de cabeza en familias con adolescentes

El primer paso para responder a esta pregunta es diferenciar entre abuso y adicción. Porque, sí, muchas familias tienen problemas para gestionarlos, pero los casos de verdadera dependencia (que requerirían tratamiento profesional, psiquiátrico o psicológico) son menos.

En este sentido, la OMS establece los siguientes requisitos para diagnosticar la adicción a los videojuegos:

- Deterioro en el control sobre el juego (por ejemplo, inicio, frecuencia, intensidad, duración, terminación, contexto).
- Incremento en la prioridad dada al juego al grado que se antepone a otros intereses y actividades de la vida diaria.
- Continuación o incremento del juego a pesar de que tenga consecuencias negativas.

Si no se dan estos tres factores combinados, y durante un cierto tiempo (más de seis meses), se trataría de un uso desadaptativo, no una adicción. Un uso abusivo o desadaptativo puede «tratarse» desde la familia con una adecuada formación y límites adaptados a la edad y a las capacidades de tu adolescente. Porque, si bien los casos graves son muy pocos, la realidad es que un 7,4 % de las chicas y un 30 % de los chicos pueden convertirse en jugadores problemáticos. Y ello no tiene pocas consecuencias, ya que los jugadores problemáticos podrían:

- Abandonar obligaciones familiares, educativas o sociales por pasar más tiempo jugando.
- Reducir su rendimiento académico.

- Preferir relaciones virtuales a relaciones reales.
- Mostrar inquietud al no poder jugar.
- Presentar patrones de sueño poco saludables.
- Ser agresivos o mostrar gran irritación cuando son interrumpidos en el juego.
- Padecer trastorno de ansiedad.

¿Son malos los videojuegos?

Responder a esta pregunta no es fácil, y la prueba es que ni siquiera los expertos se ponen de acuerdo; de hecho, cuando la OMS decidió poner la adicción a los videojuegos en la lista de enfermedades mentales, se generó una gran polémica, y no solo porque estaban en juego los intereses económicos de una industria muy potente (los videojuegos son la primera industria del ocio).

La polémica, en los círculos médicos, venía por el hecho de que algunos estudios sobre los videojuegos también han demostrado efectos positivos. De hecho, se han desarrollado videojuegos para contextos no lúdicos, como la formación en empresas o la intervención terapéutica (por ejemplo, para jóvenes con TDAH), con muy buenos resultados.

Algo que está claro es que los videojuegos activan (tanto en mayores como en menores de edad) el circuito cerebral de recompensa, en el que se libera dopamina, una de las hormonas del placer. Así pues, el problema real con los adolescentes viene porque en ese momento los circuitos de control cerebral aún no están totalmente desarrollados y, por lo tanto, el cerebro es mucho más vulnerable a la sensación de placer que le aporta la dopamina. Y es que el cerebro adolescente, como ya se ha dicho, está configurado para aprender y desarrollar hábitos de forma muy rápida y sólida, pero, a cambio, puede desarrollar adicciones mucho más deprisa.

Lo que habría que tener claro, por tanto, es que el videojuego en sí no es un problema. De hecho, la OMS también definió como enfermedades mentales, a la vez que la adicción a los videojuegos, la adicción al sexo y al trabajo, y a nadie se le pasa por la cabeza que alguna de estas actividades sea negativa en sí misma. Así, la solución, como casi siempre cuando hablamos de educar a adolescentes, pasa por mantener un cierto control.

Cómo controlar el uso de videojuegos por parte de los adolescentes

La mejor manera de evitar que los adolescentes terminen haciendo un uso desadaptativo de las pantallas sería monitorizar qué, cuándo, dónde y con quién las utilizan. Sin embargo, algunos estudios hablan de que dos de cada cinco adolescentes menores de edad juegan a videojuegos sin ninguna supervisión (ni de contenido ni de tiempo ni de espacios), lo que deja a estos chicos en una situación de mayor vulnerabilidad.

Monitorizar no significa, sin embargo, controlar ni espiar: se trata más bien de dar pautas y confiar, acompañar imponiendo lo mínimo, estableciendo límites saludables y un entorno en el que los adolescentes se sientan en confianza para hablar a los adultos de a qué juegan y con quién.

Cada familia tiene sus dinámicas, pero una posibilidad sería el establecimiento, conjuntamente con tu adolescente, de unas normas muy claras sobre el uso de videojuegos, y que, al menos al principio, se respeten estrictamente. Una vez que las normas estén integradas, y dependiendo de la edad y el carácter de tu adolescente, podrás ver si puedes hacer excepciones en determinados momentos, pero, mientras las estéis asimilando, lo que mejor funciona es seguirlas sin excepciones.

Si crees que tu adolescente ya está haciendo un uso abusivo de los videojuegos, deberás hablar sobre el tema antes de establecer las normas para que entienda por qué necesita reducir su tiempo de juego y que tu objetivo es ayudarlo. Algunos consejos para establecer estas normas son los siguientes:

- **Sed realistas:** si el objetivo es reducir el número de horas que tu adolescente pasa jugando, es muy poco factible pasar de tres horas a cero, así que casi seguro que acabaréis abandonando.
- **Estableced tiempos de juego razonables:** la *barra libre* los fines de semana casi nunca funciona, porque el tiempo que se pasa por sesión es un factor que favorece el uso abusivo.

- **Los tiempos de descanso son sagrados:** te corresponde a ti establecer el número de horas mínimo que debe dormir tu adolescente y asegurarte de que lo respeta. Si juega por la noche a escondidas, quizá debas plantearte retirar los dispositivos de las habitaciones a la hora de acostarse.
- **Que no descargue nada sin tu permiso:** aunque sea un juego gratis, debes verificar que el juego es apropiado para su edad y su nivel madurativo.
- **Implícate:** aunque no te gusten los videojuegos, interésate por lo que hace, por su progresión y por las personas con las que juega. Esto no solo te ayudará a estar más cerca de tu adolescente, sino que te permitirá supervisar sin controlar o espiar. Si le apetece, también puedes probar a jugar; probablemente compartáis un rato de risas y conexión y a tu adolescente le encantará ver que es mejor que tú en algo. Porque, al final, las semanas tienen ciento sesenta y ocho horas, así que se pueden dedicar algunas a los videojuegos y otras a otras aficiones. Acompañar, conectar y dialogar con ellos es fundamental. A veces no es fácil, pero siempre merece la pena.

Nuevas tecnologías y control de adolescentes: ¿una buena idea?

La adolescencia nos da miedo. Hemos escuchado hasta la saciedad historias de adolescencias conflictivas y recordamos la nuestra como un momento oscuro, de búsqueda, de mentiras a nuestros padres. El miedo más importante es que los adolescentes se metan en líos: que vayan a lugares a los que no deben ir, tanto físicos (discotecas, lugares peligrosos…) como virtuales (los móviles les abren la puerta a un universo que a veces los mismos padres desconocen).

Con las herramientas que nos brinda internet en la actualidad, muchos padres se hacen, legítimamente, algunas preguntas: ¿puedo espiar el móvil de mi adolescente? ¿Es útil instalar una aplicación o colocarle un dispositivo de geolocalización? ¿Y el control parental? ¿Es legítimo? ¿Es abusivo?

Tres razones por las que espiar a tu hijo adolescente no es una buena idea

Lo cierto es que varias de estas ideas tan tentadoras están más cerca de ser un abuso que de la obligación de velar por los hijos. Y eso es así por varios motivos:

Puede acarrear problemas legales: si dejar a un adolescente en internet sin ningún control sería el equivalente de abrir las puertas de casa y dejar transitar por ella a todas las personas que quisieran entrar, controlar su móvil sin su permiso sería el equivalente de seguirlo por la calle para saber dónde va y qué hace. Ninguna de las dos opciones es, pues, viable.

Es más, la Ley de Protección del Menor establece para los menores la inviolabilidad de la correspondencia y el secreto de las comunicaciones, y, por lo tanto, mirar su móvil o geolocalizarlo sin permiso puede suponer un castigo penal.

Por otro lado, habría que saber muy bien qué hacen los desarrolladores de estas aplicaciones con los datos que les estamos brindando, cómo los tratan y los encriptan, no sea que, al intentar proteger a nuestros hijos, los estemos exponiendo a peligros que no habíamos considerado y su intimidad pueda acabar siendo vulnerada.

- **Podría afectar a su desarrollo:** el desarrollo de los niños y adolescentes va de la mano de la realización de una serie de acciones. Igual que los niños pequeños aprenden a caminar si, simplemente, se les deja un espacio adecuado para ello (ya que su cerebro está «configurado» para este proceso), los adolescentes acaban realizando determinados aprendizajes sociales, como el ejercicio de la libertad, si tienen la oportunidad para ello.

Así, de la misma manera que nadie dejaría solo a un niño pequeño en un entorno con peligros evidentes, como una escalera, al principio las libertades deben estar acotadas. Esto significa que hay que poner límites donde son necesarios, e ir reduciéndolos para que, en el futuro, ese adolescente sea una persona adulta capaz de interactuar en sociedad.

Pues bien, geolocalizar a los hijos, o pretender que mantengan una aplicación de control parental pasada una cierta edad, podría atentar contra este desarrollo. Un adolescente excesivamente controlado no va a sentirse realmente libre y, por tanto, no se sentirá verdaderamente responsable de sus acciones.

Si le dices a tu hijo o hija que debe estar en casa a tal hora o que no debe entrar en tal o cual página, pero lo estás monitorizando, entonces quizá nunca vaya a esos lugares o llegue tarde, pero no será porque crea que es lo mejor para él o ella, sino porque lo vigilas. No está siendo responsable y autónomo, que es lo que pretendes conseguir, sino obediente y sumiso.

Por otro lado, cuando empleas este tipo de control, le estás transmitiendo a tu hijo adolescente la idea de que el mundo (el físico y el virtual) es un lugar peligroso del que hay que protegerse, cuando lo verdaderamente educativo es proporcionarle las herramientas para vivir en él, vigilante pero sin miedo.

Estas herramientas de control, pues, transmiten a los padres una sensación de seguridad a cambio de un precio muy alto: impedir el desarrollo normal de la responsabilidad y la autonomía y hacer de los hijos personas miedosas.

- **Puede tener un impacto negativo en vuestra relación:** controlar así a tu hijo adolescente, aunque sea con su consentimiento, es una invasión continua de su privacidad. Y los niños, como dice siempre el pedagogo italiano Francesco Tonucci, necesitan libertad, privacidad, intimidad. Necesitan saber que sus padres no se van a enterar de cada paso que dan, y no necesariamente porque estén pensando hacer nada malo, sino para sentirse competentes, hacer crecer su autoestima y verse valorados por los adultos.

Si le dices a tu hijo adolescente que es libre, pero que deje la *app* encendida, le estás diciendo que no confías en él. Y recibirás, de vuelta, un adolescente frustrado y desconfiado: de hecho, uno de los pocos estudios que existen sobre la geolocalización de los hijos concluyó que los adolescentes que son monitoreados por GPS suelen confiar menos en sus padres y se guardan más secretos.

Por otro lado, seamos sinceros. Si tu hijo adolescente quiere hacer algo que no debe, encontrará maneras de acceder a internet desde otros dispositivos (de sus amistades, por ejemplo) o «se quedará sin batería» en el momento en que vaya a alguno de esos lugares prohibidos. La realidad es que el control excesivo es muchas veces un caldo de cultivo para las mentiras. Y eso sí que debes evitarlo. La honestidad y la confianza son la base de tu relación con tu hijo adolescente, un vínculo sagrado que has de cuidar y fortalecer.

Algunas pautas para educar en el uso de dispositivos electrónicos

Por supuesto, no se trata de que abras la puerta de casa o le des a tu hijo adolescente un móvil y ya no hagas nada más. Educar es, precisamente, lo contrario de esto. En el caso del móvil y de otros dispositivos con acceso a internet, lo más aconsejable es seguir los siguientes consejos:

- **Retrasa darle un móvil todo lo que puedas:** sí, tu hijo o hija va a acabar teniendo móvil, pero deberías retrasarlo todo lo que puedas, porque, en el momento en que se lo entregues, puede haber cosas que escapen a tu control.

  Cuidado, porque retrasar no es no permitirle que emplee los dispositivos que ya tenéis en casa, y, de hecho, te interesa mucho que aprenda a usarlos, que sepa lo que puede encontrarse… Pero es mucho más sencillo vigilar los dispositivos familiares que los personales.

- **Redactad un contrato digital:** el contrato digital es un documento en el cual queda regulado el uso de dispositivos electrónicos para toda la familia: tiempos, horarios y espacios de uso, páginas a las que no se debe acceder, qué hacer cuando se llega a un contenido peligroso o de pago, instalación de aplicaciones y programas...

Las normas del contrato variarán en función de las necesidades y los deseos de cada familia (y, además, ha de ser revisable, pues las necesidades van evolucionando), pero, si se hace bien, es decir, si se consensua de verdad, es la herramienta más útil.

- **Habla con él o ella sobre los peligros de internet:** hazlo lo antes posible, en cuanto encuentres una «excusa», un hilo del que tirar. Habla con él de privacidad, de intimidad y de respeto, en la vida y en las redes.

Piensa que el setenta por ciento de los adolescentes ve pornografía, y la mayoría lo hace a través de sus dispositivos móviles, así que no hay opción: necesitas tener *esa* conversación con él para que entienda que lo que está viendo no es realidad, sino violencia, machismo y, en algunos casos, hasta abuso.

No olvides tampoco que el *bullying*, y especialmente el *ciberbullying*, se extienden masivamente por el silencio de muchos, que comparten vídeos, fotografías o comentarios vejatorios. Si tu hijo o hija sabe que no debe tolerarlo ni compartirlo, estás limitando, en la medida en la que puedes, este fenómeno.

Y recuerda que la mejor manera de estar al tanto de las actividades de tu adolescente, en el mundo virtual o en el real, es dejar siempre abiertos los canales de comunicación para que sienta que puede contártelo todo, incluso sus errores (sobre todo sus errores).

EDUCACIÓN SEXOAFECTIVA

Cuando crees que
tu hijo adolescente
tiene una relación tóxica

Una de las peores noticias que se le pueden dar a un padre o madre es que alguien le está haciendo daño a su hijo. Pero, a la luz de las estadísticas (en 1998 la OMS afirmaba que el treinta por ciento de las estudiantes universitarias habían sido víctimas de violencia), esto está sucediendo, y más de lo que parece. Se sabe que la violencia de género comienza muchas veces en las relaciones tóxicas entre adolescentes, y que siempre va a más, pero, sin embargo, su inicio es difícil de detectar. ¿Cómo saber si tu hijo adolescente está en una relación tóxica? ¿Cómo ayudarlo a salir de ella?

El primer problema, sobre todo entre adolescentes, es saber qué es exactamente una relación tóxica. Los adolescentes son impulsivos (esto se debe, ya lo sabes, a su inmadurez cerebral), así que sus relaciones son bastante más apasionadas que las adultas. Lo que habría que discernir es si en ese apasionamiento, en el deseo total de estar con el otro que caracteriza a las relaciones adolescentes, hay o no toxicidad o abuso. Y las primeras señales son las más importantes para poder intervenir a tiempo.

Cómo saber si tu hijo adolescente está en una relación tóxica

Una relación tóxica es aquella en la que domina una dinámica de actitudes dañinas. Y hay que tener claro que, aunque aquí nos vamos a referir fundamentalmente a las relaciones de pareja, puede darse también dentro de una relación de amistad.

En relaciones heterosexuales, la toxicidad puede ejercerla cualquiera de las partes hacia la otra, aunque lo más habitual es que sea del chico hacia la chica y que haya en ello un trasfondo machista. Esto es importante tenerlo en cuenta, pues, como se ha dicho, no es raro que un noviazgo tóxico derive en violencia de género. Algunas «pistas» que pueden ayudarte a saber si la relación de tu adolescente es tóxica son las siguientes:

- **Aislamiento:** tu adolescente se separa (sin que medie una discusión) de sus amistades anteriores, ya no le apetece quedar con esa gente ni dedicarse a las que eran sus aficiones favoritas.
- **Dependencia:** la dependencia emocional es un factor común en las relaciones tóxicas. Si te parece que tu hija adolescente, literalmente, «no puede vivir» sin que su pareja

le escriba, le llame, le conteste, le dé su aprobación..., no bajes la guardia.

- **Disminución drástica del rendimiento académico:** es verdad que en la adolescencia suele haber una cierta apatía por los estudios, pero hay que fijarse en si se trata de un mero bache o de una desmotivación más profunda, de la que es muy complicado salir.

- **Normalización de ciertos comentarios o actitudes violentos o machistas:** si a tu adolescente le parece normal y justifica que su pareja le mire el móvil, o que le menosprecie, o que le falte al respeto..., quizá sea porque es lo que está viviendo en su día a día.

- **Cambios de humor abruptos:** los cambios de humor son comunes en la adolescencia, pero, si están combinados con uno o varios de los indicios anteriores y además hay una relación nueva (de amistad o de pareja), podría ser debido a esa nueva persona.

- **Dependencia del móvil:** sí, pocos adolescentes no tienen dependencia del móvil. Pero, cuando se da un cambio en este sentido, cuando de pronto «se pasa el día» con el móvil e incluso llega a sentir ansiedad por mirarlo, y sobre todo por comprobar si esa nueva persona que hay en su vida le contesta, si aprueba sus publicaciones..., quizá haya algo más.

¿Por qué los adolescentes caen en relaciones tóxicas?

El problema no es que uno o dos adolescentes caigan en relaciones tóxicas, sino que es algo cada vez más frecuente, y solo la educación puede frenarlo. Las experiencias de la adolescencia son muy importantes para el cerebro en plena reconfiguración, lo estructuran, de manera que, si las primeras relaciones amorosas son tóxicas, es fácil que la tendencia sea continuar con las relaciones así en la edad adulta.

Decimos que solo puede frenarlo la educación porque el patrón de relación más abundante en las ficciones, los medios de comunicación o la publicidad dirigidos a adolescentes es el de la relación tóxica y machista, y, así, se normaliza lo que no debería ser en ningún modo normal.

Esta normalización social es la causa principal de que los adolescentes establezcan relaciones tóxicas, pero hay otras:

- **Presión:** la sociedad actual está creada para vivir en pareja (en pareja heterosexual, para más señas), y los adolescentes están deseando dejar atrás la infancia, así que buscan pareja antes incluso de estar preparados para tenerla.
- **Inmadurez cerebral:** el desarrollo cerebral de los adolescentes, aún en proceso, hace que muchas veces no sean capaces de pasar sus sentimientos por el tamiz de la razón: son esencialmente emocionales y sienten con intensidad, y en ocasiones les resulta difícil distinguir entre toxicidad y pasión, entre dependencia y amor.

- **Baja autoestima:** es muy frecuente en la adolescencia, pues están intentando conocerse en medio de una tormenta de cambios difícil de afrontar. Esta baja autoestima hace que, en muchas ocasiones, el propio bienestar dependa de la aprobación y la valoración de los otros.
- **Mitos del amor romántico:** la idea de pareja que predomina hoy está contaminada por mitos románticas como que el amor todo lo puede o que hay que sufrir por amor, los cuales los adolescentes pueden aceptar de forma acrítica.
- **Estereotipos de género:** las creencias, sumamente extendidas, como que la mujer debe aceptar el carácter del hombre, callarse y someterse, unidas a los mitos del amor romántico, son un verdadero caldo de cultivo para las relaciones tóxicas.

Creo que mi hijo adolescente está en una relación tóxica, ¿cómo lo ayudo?

Si con los datos aportados crees que tu hijo o hija adolescente está en una relación tóxica (de amistad o de pareja), está claro que no has de dejarlo pasar, pero tampoco deberías caer en la tentación de mantener una charla acusadora o despectiva. Los adolescentes no atienden a razones cuando creen que vamos a leerles la cartilla.

Así, primero deberías valorar hasta qué punto te parece que tu adolescente te va a escuchar. Si vuestra relación no es muy fluida, quizá para este tema delicado prefieras delegar en otro adulto de su confianza a quien creas que sí que va a hacer caso, o incluso en un profesional que sepa tratar el tema como merece. Si, sin embargo, decides tener la conversación, aquí van algunos consejos:

- **Escucha lo que tenga que decirte:** escucha de verdad, de manera abierta, sin juicios y sin interrumpir. Solo escuchándolo le harás sentir que te importa y que, de verdad, estás ahí para ayudar. Si no, va a sentir que lo único que pretendes es descalificar, y probablemente se cerrará.
- **No lo culpes ni lo amenaces:** los ultimátums, del tipo «Si no dejas a ese chico, dejo de pagarte las clases de música», no suelen funcionar. De hecho, suelen ser más bien desencadenantes de mentiras: te dirá que lo ha dejado y luego se verá con él en secreto. Y las mentiras de este tipo pueden ser muy muy peligrosas, porque, si la situación empeora, no sentirá confianza para decírtelo.
- **Critica la actitud, no a la persona:** estás en tu derecho a pensar lo que quieras de esa persona tóxica, pero mejor que no se lo digas a tu adolescente. Recuerda que los adolescentes valoran muchísimo su círculo de iguales y que suelen defender a sus amistades y parejas por encima de lo razonable. Mejor que «No me gusta esa persona», di: «No me ha gustado su actitud».
- **No des tu opinión, indaga sus sentimientos:** más que decirle que te parece mal que su pareja controle su móvil o que le haya hablado con un tono desagradable, pregún-

tale cómo se ha sentido en ese momento. Hazle saber que una persona que lo quiere no debe hacerle sentir mal.

Y sobre todo, por encima de todas las cosas, riega siempre la semillita de la autoestima de tu adolescente. Como tú lo quieras y lo respetes hoy será la manera en que se querrá y respetará el día de mañana. Como tú lo trates hoy será la manera en que se relacionará con otras personas.

Recuerda siempre que, si le has enseñado a tu hijo o hija, mediante tu ejemplo, que no merece que nadie lo trate mal, aprenderá a no dejarse tratar mal nunca. Y esa es la mejor vacuna contra el abuso de cualquier tipo.

Cómo actuar si tu adolescente hace *sexting*

Sexting es una contracción que viene de dos palabras en inglés: *sex*, sexo, y *texting*, envío de mensajes de texto. Y, aunque originariamente *texting* se refiere a mensajes escritos, la idea del *sexting* se refiere al envío a través de internet de imágenes o vídeos con contenido erótico-sexual. Y lo están haciendo miles de adolescentes en España todos los días. Claro, se puede comprender por qué lo hacen, pero no se debe ignorar ni dejar de hacerles conocer los riesgos de ese comportamiento.

¿Qué es el *sexting* y cómo de frecuente es en la adolescencia?

De manera más técnica, según un documento de 2018 del Instituto Nacional de Tecnologías de la Comunicación, para hablar de *sexting* deben reunirse algunas características:

- **Voluntariedad inicial,** es decir, que las fotos o vídeos se hayan tomado, originalmente, con el consentimiento de la persona que los protagoniza.
- **Uso de dispositivos tecnológicos para la toma y difusión del material.**
- **Imágenes de contenido sexual.** No se considera *sexting* si se trata de imágenes solo *sugerentes*, aunque la frontera entre ambos términos es a menudo difusa, sobre todo en la adolescencia.

¿Es el *sexting* un problema entre la juventud española?

El *sexting* no es, ni mucho menos, exclusivo de la adolescencia, y, de hecho, es más frecuente entre mayores de edad que entre menores. Por otro lado, es difícil determinar la extensión del fenómeno, pues el límite de lo que es una imagen sexual es difícil de establecer. Sin embargo, algunos estudios hablan de que hasta un 3,4 % de los adolescentes de doce años ha recibido o enviado material audiovisual *sexy*;

un porcentaje que aumenta hasta el 36,1 % a los dieciséis años. Esta tendencia podría haber aumentado durante el confinamiento, pues sabemos que tanto adolescentes como personas adultas, al resignarse a *virtualizar* sus relaciones, probaron prácticas sexuales nuevas, como el *sexting*.

El problema del *sexting* es que, al no implicar contacto, es percibido como una práctica segura (sin riesgo de embarazo no deseado ni de ETS), cuando la realidad es que entraña otros problemas, a menudo mal entendidos, y a los que en la adolescencia se es más vulnerable.

Los peligros del *sexting* en la adolescencia

El problema de esta práctica está relacionado, sobre todo, con el hecho de que el material erótico, al llegar a internet, se puede difundir muy fácilmente. Algunos de sus peligros son los siguientes:

- **La pérdida de control sobre la propia imagen:** es el riesgo más externo del *sexting*. Ante una difusión masiva, que puede darse por la voluntad de quien recibe la imagen (al romperse la pareja o simplemente para «presumir», sin analizar las consecuencias), tras el robo o la pérdida del teléfono móvil o a causa de un virus, la otra persona queda expuesta socialmente.

  Esta exposición, que puede ser fatal incluso para personas adultas, es mucho más grave en la adolescencia: ¿qué adolescente, chico o chica, le va a contar a su madre que una fotografía sexual suya circula por el instituto?

La posibilidad de ser víctima de humillación pública a causa de fotografías o vídeos insinuantes puede tener graves consecuencias psicológicas en la adolescencia, una etapa en la que la aprobación del grupo de pares es vital. Además, el riesgo de que la persona adolescente sufra ansiedad, depresión e incluso que llegue a tener conductas suicidas es muy real.

- **La fotografía puede acabar en un portal de pedofilia:** una vez que la fotografía ha llegado a manos malintencionadas, no se sabe dónde puede acabar. Internet, que ha traído muchas cosas buenas, puede ser también una cloaca donde se esconden personas con comportamientos verdaderamente monstruosos.

  Las fotografías *sexys* de adolescentes acaban en ocasiones en portales de pedofilia. Según un estudio de la policía de Utah de 2009, un veinte por ciento del contenido incautado a esos portales había sido creado anteriormente como *sexting* entre menores.

- **Sextorsión:** el o la menor de las fotografías podría, también, sufrir una situación de sextorsión: una persona a la que le hayan llegado los contenidos eróticos puede amenazar con difundirlos si su protagonista no hace lo que le pide (normalmente, enviar más material, aunque a veces también se pide dinero e incluso se puede acabar en un abuso sexual físico). Un adolescente no suele tener recursos suficientes para manejar este tipo de situaciones, lo que, por desgracia, lo convierte en una víctima perfecta.

- **Problemas para las personas que reciben *sexting* de menores:** las personas que reciben material erótico de menores, aunque también sean menores de edad, podrían incurrir en un delito de posesión de pornografía infantil. Es cierto que no recibirían las mismas penas que si fueran personas adultas, pero podrían recibir sanciones de diferente naturaleza (educativa o punitiva) según la gravedad del caso.

Pero ¿por qué hacen *sexting* los adolescentes?

Evidentemente, las motivaciones personales para hacer *sexting* son muy diversas, y tienen que ver con el despertar sexual propio de la adolescencia, pero cabe destacar que, en los estudios, se han encontrado diferencias entre chicos y chicas.

Se suelen subrayar dos hechos fácilmente explicables: el primero, que las parejas homosexuales tienden a hacer más *sexting* que las heterosexuales; el segundo, que entre los chicos y chicas heterosexuales, son ellas quienes más *sexting* hacen, en todos los grupos de edad. Y algunos de los motivos que explican estos comportamientos son los siguientes:

- **Deseo de vivir la propia sexualidad sin presiones del entorno:** es la motivación que esgrimen muchos chicos y chicas homosexuales. A través del teléfono móvil sienten una falsa sensación de privacidad e invulnerabilidad, que creen que los protege del acoso que, por desgracia, sufren demasiado a menudo. Pero no solo esta protección es falsa, sino que, además, esta práctica termina derivando en una mayor exposición si las fotografías se filtran.

Aún queda mucho por hacer por el colectivo LGTBI+ adolescente. Se trata de menores con mayor probabilidad de sufrir *bullying* y *ciberbullying*, y sus tasas de suicidio son más altas que la media. Es necesario ser conscientes de ello para dar pasos firmes en su defensa.

- **Objetivos románticos o sexuales:** en las parejas heterosexuales, ellos hacen *sexting* con una finalidad sexual; es decir, con el objetivo de tener relaciones sexuales. Ellas, en cambio, lo hacen con una finalidad romántica; esto es, para recibir atención o para conseguir una pareja amorosa. Así pues, aunque se trate de una práctica moderna, el *sexting* arrastra actitudes sexistas: mujer objeto de deseo, hombre sujeto de deseo.

- **Presión del entorno y, en especial, de la pareja:** aunque el *sexting* es, en esencia, un material tomado de forma consentida, el o la adolescente que se filma o se fotografía en posiciones sexualmente explícitas puede sentir la presión del entorno, hacerlo por una falsa impresión de que «todo el mundo lo hace».

Además, se ha probado que muchas chicas adolescentes practican *sexting* bajo presión de sus parejas masculinas, lo cual reincide de nuevo en que esta práctica reproduce la asimetría de poder de género.

- **Inconsciencia e impulsividad:** el cerebro adolescente no es capaz de valorar de forma clara las consecuencias a largo plazo de un comportamiento. Una adolescente que envía una fotografía explícita a un chico no piensa que este puede reenviársela a sus amigos para «presumir» y que, de este modo, puede llegar a los teléfonos de toda su clase. A veces, incluso puede que conozcan las consecuencias, pero no sean capaces de valorarlas en el momento en que se hacen la foto o en el que la comparten con otras personas. De hecho, aunque no hay un perfil psicológico de adolescente que hace *sexting* (cualquiera podría hacerlo), es ligeramente más frecuente entre quienes tienen mayor impulsividad.

Protejamos a la juventud: código de conducta contra el *sexting*

Contra el *sexting*, lo único que cabe es educación. Tu adolescente, pues, debe conocer las consecuencias legales y psicológicas de este tipo de actos, y seguir un código de conducta basado en los siguientes puntos:

- **No crear *sexting* ni fomentarlo:** debe recordar siempre que, una vez que se pone la imagen en internet, se pierde el control sobre ella, así que lo mejor es que nunca llegue ahí. En este sentido, puedes invitar a tu adolescente a reflexionar siempre antes de publicar. La regla de los diez, cómo se sentirá con la publicación de esa foto en diez minutos, diez meses y diez años, puede servir para practicar.

- **No difundir:** en el *sexting* no vale con guardar silencio. Tu adolescente debe ser capaz de frenar la difusión cuando le llegue una imagen de *sexting* de otra persona, y decírselo a una persona adulta para emprender acciones legales si es necesario.

- **No ceder ante el chantaje:** tu objetivo, como madre o padre de adolescentes, es transmitirles tu apoyo incondicional, para que sientan que pueden recurrir a ti en caso de tener un incidente en la red. Esta confianza es fundamental en casos de chantaje.

Si en este momento vuestra relación no se presta a este tipo de conversaciones, piensa qué persona de tu entorno (una tía, una amiga tuya) puede ser su referente, porque siempre es mejor saber que va a tener el apoyo de alguien de tu confianza que pensar que va a intentar solucionar sin ayuda problemas que le vienen grandes. Lejos de suponer una renuncia, es un acto de generosidad que tu adolescente, seguramente, sabrá reconocerte en el futuro. Porque lo importante, cuando está en juego la seguridad de tu adolescente, es que tenga muy claro con qué persona adulta puede contar, quién va a ponerse de su lado siempre, sin juzgar su conducta ni sobrerreaccionar.

¿Es malo tener pareja con doce o trece años?

Estás cenando tranquilamente con tu adolescente, que está en primero o segundo de secundaria, y, de pronto, te dice que tiene pareja. Y no es solo que sientas el vértigo, tan típico de la maternidad, de que el tiempo ha pasado demasiado rápido: es que te preguntas si tu adolescente no será demasiado joven para tener una relación amorosa. ¿Cómo se puede manejar una relación de pareja de chicos y chicas de entre doce y quince años? ¿Están los jóvenes preparados para tener pareja tan pronto?

Antes entrar en materia, habría que considerar algunos datos: la Asociación Americana de Pediatría establece que, estadísticamente, las chicas tienen su primera pareja a los doce años y los chicos, a los trece. Y el informe *Juventud en España 2020*, elaborado por el INJUVE, recoge como edad media para la primera relación sexual los 16,2 años. Esto significa que, estadísticamente, hay un periodo bastante largo (de unos tres o cuatro años) en el que las relaciones amorosas no parecen implicar relaciones sexuales.

Así pues, si te parece que tu adolescente es muy joven

para tener novio o novia, probablemente lo que esté sucediendo es que no estéis pensando en lo mismo. Cuando son muy jóvenes, la idea de «pareja» suele reducirse a un trato especial dentro del grupo de amistades, acompañarse a casa, hacerse regalos de escaso valor económico y compartir mucho tiempo en redes sociales.

Tómate las relaciones de tu adolescente en serio, aunque sea muy joven

Sin embargo, y a pesar de que esa pareja probablemente no pase de ser una *amistad especial*, deberías tomarte la relación en serio.

Tu adolescente, ya lo sabes, está atravesando una fase importantísima en su desarrollo neuronal y social: está construyendo su propia personalidad, intentando descubrir quién es en la sociedad en la que le ha tocado vivir. Su cerebro está configurado para ello, para alejarse del nido familiar y establecerse socialmente entre sus iguales, de modo que experimentar con las relaciones de pareja es parte de ese camino.

Así que, aunque tú tengas muy claro que lo más probable es que esta relación sea solo la primera de muchas, no deberías decírselo ni minusvalorar a la persona que ha escogido. Acepta, escucha, pregúntale qué le gusta de ese chico o chica, esfuérzate por conocerlo. Solo si tu adolescente siente que lo escuchas cuando le va bien, se sentirá libre y con confianza para contarte sus preocupaciones cuando le vaya mal.

Anticípate: reflexiona sobre las normas que establecerás cuando tu adolescente tenga pareja «seria»

Que tu adolescente tenga pareja cuando es muy joven es, una vez que lo pones en perspectiva, una ventaja. Piensa en ello como cuando pones el despertador diez minutos antes de la hora: tu cuerpo se prepara para activarse, pero todavía puedes alargar el descanso.

Las relaciones de pareja serias aún están lejos (el sexo también, probablemente), pero este aviso te ayuda a prepárate para lo que va a venir. Y, de la misma manera que antes de su nacimiento preparaste su ropa, compraste pañales y leíste sobre cuidados en la primera infancia, ahora puedes pararte a reflexionar sobre los límites que vas a poner a tu adolescente cuando quiera quedar a solas con su pareja. Así pues, piensa qué tipo de salidas vas a permitir y cuáles no, qué condiciones te gustaría poner para cuando vaya a tu casa sin el resto del grupo de amistades, si querrás conocer a su familia… No se trata de tomar decisiones desde ahora, sino de prepararte para el día en que surja la conversación.

No lo dejes pasar: habla con tu adolescente sobre las relaciones de pareja

Aunque tu adolescente sea aún muy joven, aprovecha que se siente en confianza para decirte que tiene pareja para sentarte y hablar sobre qué es una relación de pareja saludable o tóxica, qué debería esperar y qué no de la otra persona... Solo tú sabes cuáles son los valores que quieres transmitirle, pero hay algunos puntos que deberías considerar tocar:

- **Celos y abuso sexual:** en todos los estudios se concluye que para los y las adolescentes los celos son normales y una muestra de amor: es uno de los mitos del amor romántico.

  Sin embargo, la aceptación de los celos como expresión de amor puede conducir muy rápidamente al llamado *sexismo ambivalente,* un conjunto de actitudes que terminan normalizando situaciones de abuso, como mirar el móvil de la pareja o controlar lo que hace, cómo viste o con quién queda.

  Así pues, deberías educar a tu adolescente en que una cosa es ese sentimiento de miedo a perder a alguien y otra muy diferente querer controlar su vida. Hazlo tendiéndole la mano para que, si sospecha que ha entrado en una espiral de control, confíe en ti.

- **Relaciones sexuales:** en lo que respecta a la educación sexoafectiva, está claro que es mejor llegar un año antes que un solo día después. ¿Por qué? Porque el acceso al porno, en la adolescencia de hoy, es muy temprano y está muy extendido. Y el porno es lo contrario a una escuela sobre el sexo: es machista y los cuerpos que se ven están totalmente fuera de lo habitual.

  Si tu adolescente ve porno (aunque lo ideal sería que no lo hiciera) pero sabe, porque se lo has dicho, que es ficción, que la realidad es muy diferente, que las relaciones sexuales sanas se basan en el deseo, el consentimiento y el respeto, y que muchos de los comportamientos del porno son machistas e incluso podrían ser delito, probablemente será capaz de no imitar ese modelo en sus relaciones.

• **Redes sociales:** cómo ser una persona amable y de confianza en redes sociales es una conversación que hay que tener con los niños y niñas desde la primera vez que se les permite mandar un mensaje de audio a sus abuelas. Pero, sabiendo que gran parte de las relaciones amorosas de la juventud suceden hoy en redes, no está de más recordarle que estas no son el lugar donde difundir sus decepciones o enfados con su pareja, y que no es seguro enviar fotografías insinuantes o abiertamente sexuales porque no sabe dónde pueden acabar.

Sé un modelo de relación de pareja para tu adolescente

Algo muy importante y que a veces se pasa por alto es que la mejor manera de enseñar es ser modelo. Poco importa el tipo de familia o relación que tengas: familia tradicional o recompuesta, relaciones homosexuales o heterosexuales, pareja estable o esporádica... Sea como sea tu familia o relación, debes esforzarte por que tu vida de pareja refleje los valores que te gustaría ver en la de tu adolescente: amor, libertad, respeto, admiración mutua...

Muéstrale también que ni hay un solo tipo de relación de pareja ni esta es la única manera de estar en el mundo; si tú llevas con tu pareja muchos años, háblale de cómo admiras a tal o cual persona que está soltera o que se separó y construyó una vida diferente; busca referentes homosexuales en tu entorno o en personas famosas...

En muchas ocasiones hay en la adolescencia una idealización del modelo familiar porque es el predominante en los medios de comunicación, las series... Esto crea sobre los adolescentes una presión («Si no tengo pareja, no soy nadie») que puede llevarlos a elegir pareja equivocadamente, solo porque es lo que creen que se espera de ellos.

Es muy difícil luchar contra un modelo social, pero, si le demuestras a tu adolescente cada día que tiene valor por ser quien es, si lo ayudas a construir una autoestima fuerte, probablemente sea más capaz de entender que lo importante no es tener pareja, sino ser uno mismo.

Prepárate para acompañar sus decepciones

El amor, especialmente a edades tempranas, comienza y termina. Es normal. Pero es probable que tu adolescente hubiera pensado que esa persona tan especial le iba a acompañar para el resto de sus días, y, ante una ruptura, se siente con el corazón destrozado. Este momento, sin duda, llegará, y la mejor preparación para ello será ser capaz de escuchar sin hablar y de acoger y acompañar sin aconsejar ni criticar.

Y un último comentario: también hay adolescentes que no se interesan por tener pareja, y también es perfectamente natural. Cada adolescente, cada persona, tiene sus propios intereses, y acompañarlos significa precisamente eso: honrar sus elecciones, guiarlos para que lleguen a la edad adulta con una buena mochila de recursos de vida.

Cómo acompañar
adolescentes LGTBI+

Ya es bastante difícil acompañar adolescentes en el camino del descubrimiento de las relaciones amorosas y la sexualidad: si resulta, además, que esta entrada se hace dentro de un camino minoritario (por su orientación sexual o por su identidad de género), será mucho más complicado, pues genera más dudas, más miedo. Sin embargo, se trata de un proceso fundamental en el descubrimiento de su identidad.

Cuando un adolescente dice que es homosexual, o transgénero, ya ha recorrido un largo camino, en el que se ha cuestionado su identidad (que no corresponde con lo que socialmente se espera de él o ella), se ha hecho muchas muchas preguntas y probablemente tiene ya algunas ideas muy claras, aunque también es posible que sienta confusión. Es importante ser conscientes de eso, porque en las siguientes conversaciones no hay que perder de vista que lo fundamental, cuando un adolescente se cuestiona su sexualidad, es siempre procurar su bienestar.

Homosexualidad, transgénero..., ¿qué es qué?

A veces existen dudas sobre las opciones que se salen de la heterosexualidad, pero es importante entender las diferencias, porque un paso en falso con un adolescente que se sincera con nosotros en este sentido puede ser muy dañino. Así pues, simplificando, hay tres conceptos que se deben considerar de forma separada:

- **El sexo fisiológico,** que depende de los caracteres sexuales (se nace hombre o mujer).
- **El género,** que es un constructo social y se refiere a los roles y comportamientos esperados y establecidos para las personas por su sexo fisiológico (se espera que los hombres se comporten de una manera y las mujeres de otra).
- **La orientación sexual,** es decir, por quién se siente atracción sexual (una mujer puede sentirse atraída por hombres, por mujeres o por ambos).

Y, aunque la identidad de género es algo mucho más profundo que una etiqueta, y muchas personas no se sitúan en un extremo claro, se podría decir, simplificando de nuevo, que, por ejemplo, un chico que se identifica con el género masculino y se siente atraído por los chicos sería homosexual, mientras que un chico que se identifica con el género femenino sería transgénero, independientemente de si sus intereses sexuales se encaminan hacia los hombres o hacia las mujeres.

¿Cómo se construye la identidad de género?

El género es un constructo social, y se establece desde el nacimiento: la ropa con que se viste a un niño, la manera de dirigirse a ese bebé, los juguetes que se le ofrecen, lo que se espera de él o ella en términos de desarrollo... Todo eso es diferente si el bebé en cuestión es niño o niña, y va enseñándole a ese bebé cuál es el lugar donde se espera que se posicione en el mundo, su rol y su estereotipo de género (y también su orientación sexual, pues lo normalizado socialmente es la heterosexualidad).

En este proceso, se considera que hacia los tres años un infante sabe distinguir los géneros por sus características externas y hacia los seis o siete tomará conciencia de que su condición sexual y genérica es inmutable; a partir de este momento, lo habitual es que se esfuerce por dar una imagen de sí que se corresponda con su tipificación genérica.

Ni que decir tiene que el rol de género lleva, muchas veces, a repetir estereotipos que no tienen fundamento científico y que resultan muy negativos, sobre todo para las mujeres, y es que tratar de manera diferente a los niños y a las niñas supone casi siempre valorar menos los éxitos de ellas, tener expectativas más bajas, confiar menos en sus capacidades...

La adolescencia y el autodescubrimiento

Ningún chico o chica llega a la adolescencia y decide, por experimentar o para *fastidiar* a sus padres, no ser heterosexual o «hacerse» transgénero. Pero sí que es cierto que la adolescencia es una época de autodescubrimiento, de construcción de la propia identidad.

Así pues, un o una adolescente que siente que su orientación de género, o sexual, no es la *esperada* se está haciendo preguntas que nunca antes se había hecho, o no de manera tan intensa. Cuando ve iniciarse en el amor y en el sexo a sus amistades, se siente diferente porque no le atraen las personas que se supone que *deberían* atraerle.

Y ahí es donde empieza un viaje muy diferente al de otras adolescencias. Porque con doce o trece años ya son bastante conscientes de algo que como adultos no podemos perder de vista: que los adolescentes LGTBI+ corren un riesgo casi tres veces mayor de padecer trastornos de salud mental, como ansiedad, depresión y trastorno de estrés postraumático, casi el doble de probabilidades de consumir drogas y alcohol y que intentan suicidarse cuatro veces más que quienes no son LGBTI+.

Créeme: quieres estar presente en ese viaje. Acompañar a tu adolescente. Guiarlo.

¿Cómo acompaño a mi adolescente LGTBI+?

Pienses o no que tu adolescente pertenece a este colectivo, el acompañamiento debería comenzar en la infancia, como sucede en muchos otros asuntos en los que puede haber por medio discriminación, difamación o incluso agresiones. Algunos consejos en este sentido son los siguientes:

- **Mantén una política de tolerancia cero con los discursos homófobos:** con la entrada en la adolescencia, los términos *gay* y *lesbiana* se adoptan como insulto: esto ocurre entre adolescentes de muy diferentes clases sociales, e independientemente del nivel de tolerancia o aceptación que en sus comunidades tengan las personas LGTBI+.

  Por esta razón, independientemente de la orientación de género o sexual de tu adolescente, te aconsejo que envíes siempre un mensaje claro sobre los insultos homofóbicos en tu casa: no los toleres. Probablemente tu adolescente te dirá que exageras, pero tu mensaje en este sentido debe ser muy claro. Explícale que puede estar hiriendo a la otra persona y que las agresiones homófobas, incluso los asesinatos, comienzan en muchas ocasiones con esos mismos insultos.

  Si dejas claro tu posicionamiento con respecto a la comunidad LGTBI+, es probable que, indirectamente, estés abriendo una puerta para que tu adolescente sienta que vas a acompañarlo, que no te va a *decepcionar* por su orientación de género o sexual.

- **Confía en tu adolescente:** está demostrado que, cuando un o una adolescente siente que en casa se apoyan sus elecciones y que se le da libertad, es mucho más probable que comparta sus preocupaciones, del tipo que sean.

  También hay estudios, sin embargo, que demuestran que en determinados casos, cuando la relación con la familia es muy estrecha, hay menor probabilidad de contarlo en casa por miedo a decepcionar a la familia. Pero justamente por esa razón has de convencer a tu adolescente, antes incluso de llegar a plantearte si es homosexual, heterosexual o lo que sea, de que tu amor es incondicional, de que lo respetas y lo quieres tal como es.

  Y es importantísimo que tú, como madre o padre, lo sepas, pues solo así puedes acompañar a tu adolescente, ofrecerle recursos y guiarlo hacia organizaciones LGTBI+ donde va a poder recibir ayuda y sostén si los necesita.

- **Dile que lo quieres como es:** que tu adolescente sea LGTBI+ o no es, en realidad, asunto suyo. Es parte de su identidad, de quién es y de cómo se relaciona con el mundo, no de la tuya. Esto es algo que deberías tener siempre presente y que, además, deberías decirle.

  Tu labor como madre o padre es amarlo y apoyarlo, así que nunca le digas que son cosas de niños, que ya se le pasará o que no lo entiendes porque el verano pasado le gustaba una chica. La identidad de género y la orientación sexual no son un continuo ni se construyen de un día para otro: respeta el proceso de tu adolescente, que es exclusivamente suyo, y hazte presente para él.

Esto es, al fin y al cabo, lo primero que necesita: que lo quieras y que aceptes que su orientación sexual o genérica forma parte de su intimidad. Que tú puedes apoyarlo y orientarlo, pero que pertenece al ámbito de su privacidad.

- **No dudes en pedir ayuda:** algunos padres o madres sienten que su relación con su adolescente va a cambiar si es LGTBI+, que les va a costar aceptarlo (porque cambian las expectativas, incluso la idea que se pueden hacer de su futuro). Y, aunque no sea tu caso, sí que se sabe que las personas LGTBI+ se enfrentan a dificultades mayores, y diferentes, de las de las personas que no lo son. Por esta razón, en ocasiones, los adultos sienten miedo, y es normal.

  Pero, si tienes miedo, sal a pedir ayuda. Desde un psicólogo especializado en este tema hasta una asociación, hay muchas personas que podrían ayudarte, aconsejarte, tranquilizarte. También puede ser que tu adolescente tenga miedo de identificarse con un colectivo que sabe minoritario, y en ocasiones marginado: ayúdalo, poniendo a su alcance los recursos que necesita, a vivir su identidad de forma plena y sin miedos.

Cuando un hijo adolescente quiere dormir en casa con su pareja

Hay situaciones educativas que, por más que se sepa que van a ocurrir, siempre sorprenden. Una de ellas es, sin duda, el día en que tu hijo adolescente te pregunta si su pareja puede quedarse a dormir en casa. Si es tu caso, calma: si te está preguntando, es porque tienes una relación de suficiente confianza; suficiente como para que te plantee, con educación, con respeto, un tema que concierne directamente a su vida más íntima.

Hay muchas dudas en este sentido, porque en ocasiones los padres creen que abrir las puertas de la casa para la pareja significa incitar a mantener relaciones sexuales. Pero la realidad es otra: si tu hijo y su pareja han decidido tener relaciones, lo harán en otro tiempo o en otro lugar, sin importar si pasan la noche juntos o no.

¿Es necesario hablar de sexo en la adolescencia?

Hay algunas cosas que no se pueden prohibir. Y el deseo sexual es una de ellas. Es imposible luchar contra la euforia adolescente, pero sí que se pueden evitar riesgos y, para ello, es preciso darles a los adolescentes una adecuada educación sexoafectiva; que tengan algunas ideas claras antes incluso de plantearse sus primeras relaciones.

Hablar de sexo con adolescentes, pues, no es malo ni los incita a mantener relaciones. Está demostrado que los adolescentes que recibieron una educación sexual plena, que trata no solo sobre métodos anticonceptivos sino sobre sentimientos y autovaloración, inician su actividad sexual más tarde y entre ellos hay menos casos de embarazos no deseados.

Las dificultades de la educación sexoafectiva en la adolescencia

Hace una generación, hablar de sexualidad en la familia era un tabú y, por lo tanto, las madres y padres de adolescentes de hoy carecen de guía. Y, así, algunas familias caen en extremos que es mejor evitar.

Hablar de sexo y de afectividad, conocer a la pareja de tu hijo o permitirle que duerma en casa no debería significar que se rompa la asimetría de la relación entre los padres y los hijos. Hay que tener cuidado con establecer una relación de confianza y respeto, sí, pero en la que los adultos sigan en su lugar.

Por otro lado, es muy importante respetar la privacidad de los adolescentes; entender que, por mucho que quieran compartir, su intimidad tiene puertas que los adultos no deberían traspasar: tanto en lo que concierne a su vida afectiva como en todo lo demás.

¿Cómo debo hablar de sexo con mi hijo adolescente?

Lo ideal es que las conversaciones sobre sexualidad se inicien lo antes posible, en la infancia. La sexualidad va mucho más allá del acto sexual, de modo que comenzar a poner las bases desde las primeras preguntas de tus hijos puede facilitarte mucho las cosas cuando se van haciendo mayores.

Si has comenzado desde la infancia, te será mucho más fácil tener este tipo de conversaciones con tu adolescente; si no, debes armarte de valor (sí, cuesta) y tenerlas igualmente, pues tu adolescente las necesita. Sin embargo, no «sientes» a tu adolescente con el consabido «tenemos que hablar»; mejor aprovecha las ocasiones que puedas para tirar del hilo: una noticia, una serie... Aunque parezca que no, tu adolescente te escucha (y muy atentamente) cuando hablas de sexo.

Algunos conceptos sobre sexualidad que tu hijo adolescente debería tener claros

Algunos temas que deberías tratar son los siguientes:

- **El consentimiento:** es, por fortuna, una de las palabras que están más en boga actualmente cuando se habla de sexo, aunque debería completarse hablando de la importancia del deseo (consentir no siempre es desear). Sin embargo, tu adolescente debe aprender a decir y a respetar un no.
- **El respeto por los tiempos y la libertad del otro:** tu adolescente debe tener muy claro que en el sexo no debe haber presiones. Jamás. No tiene que tolerarlas y tampoco tiene que ejercerlas.
- **La posibilidad de cambiar de opinión:** el consentimiento no es una carta blanca. Tu adolescente (o la otra persona) tiene derecho a cambiar de opinión (decir que no cuando dijo que sí, o viceversa) y que esta opinión sea respetada.
- **Las presiones grupales:** por desgracia, en el tema del sexo perviven los estereotipos machistas: ellos deben tener muchas parejas; ellas, pocas. No te canses, pues, de apoyar a tu hijo para que tenga una autoestima fuerte que lo ayude a resistir presiones.
- **Los métodos anticonceptivos:** pese a la gran cantidad de información existente, un alto porcentaje de jóvenes españoles no usa ningún método anticonceptivo cuando mantiene relaciones sexuales. Tu adolescente debe tener

claro que en toda relación sexual debe usar métodos anticonceptivos.

¿Debo permitir que la pareja de mi adolescente duerma en casa?

La respuesta a esta pregunta es compleja y depende mucho de las familias (de sus dinámicas, sus principios educativos y sus creencias) y también de los adolescentes concretos. Sin embargo, hay algunas pistas de reflexión para que, como familia, podáis tomar la decisión con la que os sintáis más cómodos:

- **Ten en cuenta la edad de tu adolescente y su madurez:** no es lo mismo una chica de diecinueve años que vive en otra ciudad y viene unos días a casa con su pareja, que es de fuera, que un chico de dieciséis que aún está en el instituto.
- **Intenta conocer a la otra persona antes:** en especial si se trata de menores de edad; te ayudará a ver la dinámica de la relación y, también, a hacerte una idea de su madurez como pareja.
- **Ten en cuenta la opinión de la otra familia, e infórmalos:** si hay menores de edad de por medio, su familia debe saber dónde están. Llámalos por teléfono, habla con ellos y asegúrate de que están de acuerdo.
- **No aceptes nada con lo que no te sientas bien:** muchas cosas se pueden hablar, pero, si algo va en contra de tus

principios, deberías explicárselo a tus hijos con calma y esperar que lo acepten. Haciéndolo les enseñas, también, a imponer sus límites cuando sea necesario.

En definitiva, en este, como en muchos otros problemas propios de la adolescencia, las claves son la confianza, el respeto y la conexión. La educación sexoafectiva es una de las tareas pendientes de las familias españolas, pero, si se afronta con delicadeza y conexión, es un aprendizaje valiosísimo, y muy necesario, para los adolescentes.

Su opinión es importante.
En futuras ediciones, estaremos encantados
de recoger sus comentarios sobre este libro.

Por favor, háganoslos llegar a través de nuestra web:

www.plataformaeditorial.com

Para adquirir nuestros títulos,
consulte con su librero habitual.

«*I cannot live without books*».
«No puedo vivir sin libros».
THOMAS JEFFERSON

Desde 2013, Plataforma Editorial planta un árbol
por cada título publicado.